お客様を育てるサービス

Service for Development of Good Customers

自分を高く
買ってもらう
50の
具体例

中谷彰宏

ダイヤモンド社

【この本は、3人のために書きました】

①自分のサービスをレベルアップしたい人。

②お客様にリピートしてほしい人。

③サービスマンの育成をしたい人。

本当に好きなコトは
一度嫌いになって
初めて出逢える

中谷彰宏

あきひろ

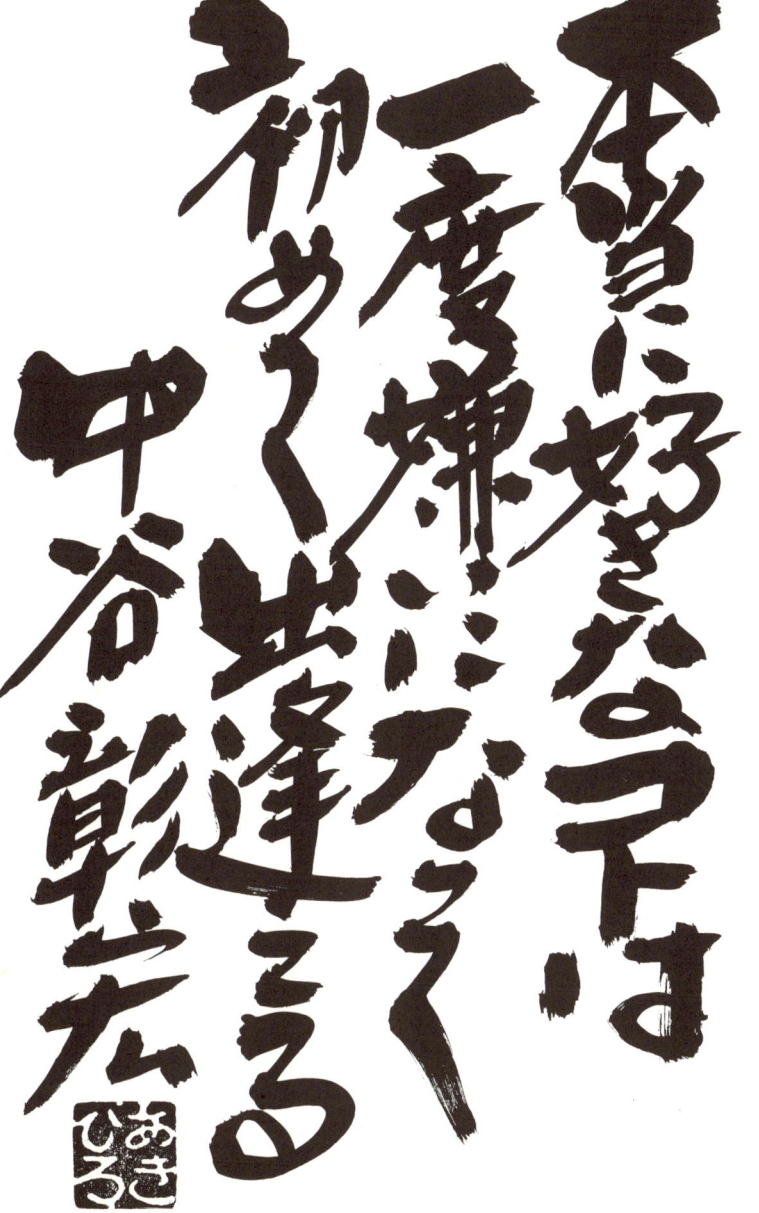

まえがき

「固定客」をつくるのではなく、「固定店」になろう。

サービスとは、お客様を育てていくことです。

「どこにお客様がいるんですか」と聞いても、お客様はどこにもいません。

街や駅前で人がたくさん歩いていても、お客様ではありません。

ただの行きずりの人です。

「うちは立地が悪いから、お客様があまり来ないんです」というのも勝手な言い訳です。

お客様はどこかにたまたま集まっているわけではありません。

みずからコツコツと育てていくものです。

自分が育てた人が、お客様です。

向こうから勝手に来た人は、勝手にいなくなります。

「昨日、TVで紹介されていたのを見ました」というのは、TVが育てたお客様です。

そのお客様が2回以上来てくれたら、あなたが育てたお客様になるのです。

「固定客をつくろう」とよく言います。

この発想は、お客様にとっては迷惑です。

お客様は固定客になりたいとは思っていません。

囲い込まれたり、拘束《こうそく》されるのは一番イヤです。

固定客をつくるのではありません。

「お客様にとっての固定店の1つに入ること」を目指しましょう。

映画を見る時は「あそこの映画館に行こう」というのがあります。

「カラオケしない?」「ゲームしない?」と言った時に、「それなら、あのお店に行こう」とすぐに浮かぶようなお店になることです。

「何をする?」「とりあえずあそこに行こう」という流れです。

1人1人のお客様にとっての固定店は、1つではありません。

明日のためにその①

お客様にとっての固定店の1つに、入ろう。

誰でも、あそこに行ったら顔がきく、覚えてくれている、使い勝手がいい、なじんでいるという固定店を持ちたいと思っています。

飲みに行くのでも、「あの店は私のことを覚えてくれているから、いいサービスを受けられる」と思えるのが固定店です。

固定店になるためには、お店とお客様がお互いに育てあう関係になることが大切なのです。

明日のために

1 お客様にとっての固定店の１つに、入ろう。
2 自分がされてうれしかったサービスを、思い出そう。
3 育てられながら、育てよう。
4 一度、イヤになる体験もしよう。
5 「使えないチケット」を受け取って、生かそう。
6 全体よりも、一部で勝負しよう。
7 数値化できないことを、見逃さない。
8 なくてはならない店になろう。
9 １日１個、違うことをしよう。
10 今いる場所から、何かを学ぼう。
11 昨日の自分と競争しよう。

38 用がない時に、そばに寄ってもらおう。

39 お客様がキレる「本当の原因」に、気づこう。

40 不良客を減らすより、優良客を増やそう。

41 ミスを口実に、スペシャルサービスをしよう。

42 「○」でも「×」でもない、「△」のサービスをしよう。

43 お客様をスタッフだと思って、話しかけよう。

44 お客様に、気づいたことを教えてもらおう。

45 「クレームを言うお客様」を、大切にしよう。

46 お客様から、アイデアをもらおう。

47 赤ちゃんにサービスをしよう。

48 10年後のお客様に、今、サービスをしよう。

49 解決しようとして具体的にしている姿を、見せよう。

50 ほめられなくても、自分が満足できるサービスをしよう。

お客様を育てるサービス【目次】

——まえがき——

お客様を育てるサービス

サービスとは、自分がしてもらってうれしかったことをお客様にすること。

1日のうち、お店で働く8時間、寝ている8時間を除く残りの8時間は、あなたもどこかのお店のお客様です。

「自分はサービスマンだ」と思っていても、どこかへ行けば「ありがとうございました」と言われるお客様です。

半分はお客様の体験をしているのです。

あなたはサービスマン半分、お客様半分です。

美容院に行かない人、ごはんを食べに行かない人、コンビニに行かない人はいません。

そこで受けたサービスで、うれしかったことはありませんか。

サービスとは、人に小さい喜び、小さい幸せを与えることです。大きい必要はありません。

「うれしい」というのは、とても人間的な感覚です。

まず、うれしかったことを心に焼きつけましょう。

そして今度は、あなたがしてもらってうれしかったことを、お客様にしてあげるだけでいいのです。

してもらった体験は1回でも、してあげる相手は毎日たくさんいます。

「これをしてもらってうれしかった。誰か来てくれたらそれができるのに」と待っていれば、ワクワクするはずです。

サービスのヒントはどこにも書いてありません。

あわてて何かを読む必要もありません。

あなた自身が、日々体験したうれしかったことをメモしておくだけです。

「今日○○があった。うれしかった」「おじさんがサービスしてくれて、1枚のチャーシューを2枚つけてくれた。うれしかった」ということです。

それを今度は、何か自分がするサービスに使えないか考えてみるのです。

明日のためにその②

自分がされてうれしかったサービスを、思い出そう。

お店とお客様が、育てあう関係になる。

お客様は、カテゴリー別に固定店を持っています。

女性でも、あちこちの美容院に行く人はいません。

「あそこに美容院を見つけたから、とりあえず入ってみよう」という人は少ないのです。

男性はけっこう平気でどこの散髪屋さんにでも入ります。

女性は、担当の美容師さんがいなければその日は行きません。

その美容師さんが辞めたら、新しく移った店に行きます。

これが固定店です。

お店とお客様は、育てる・育てられるという関係です。

お客様を育成するということは、お客様に育成されるということです。

育成しあった相手とは強いきずなで結ばれます。

「毎日来て下さい」「よそには行かないで下さい」と言うのは、お客様を囲い込んで自由を奪っています。

お客様はそういうお店からは離れます。

「ゲームをしたくなったらうちに来て下さい」「カラオケをしたくなったらうちに来て下さい」でいいのです。

お店を生活の一部に組み込んでもらいましょう。

選択肢に残ることが、サービスをしてお客様を育成することなのです。

明日のためにその③

育てられながら、育てよう。

好きなだけでは、成功しない。一度、イヤになる段階を経て、成功する。

よかれと思ってやったことがお客様に喜ばれなかったり、クレームになったり、怒られたりしてガッカリすることがあります。

自分はサービス業に向いていると思っていたけれども、やっぱりサービス業に向いていないのだと落ち込みがちになります。

そう思ったことが1度もない人は、サービス業に向いていません。

仕事の突き詰め方が甘いです。

志《こころざし》が低すぎます。

「人を喜ばせることをやってみよう」、「人と接することで小さな幸せを提供したい」という志を持っている人ほど、途中でいったん人間嫌いになります。

それでいいのです。

誰もが「好きな仕事をやりたい」と思っています。

私は今でもそう思います。

仕事だけではなく、趣味・勉強・スポーツ、なんでもそうです。

好きなことをやりたいと思っているのに、「もしかしたら、これは嫌いかもしれない」と嫌いになる時期があります。

いったん嫌いな時期を乗り越えて、もう1回好きになった時に、初めてそのことが本当に好きになります。

嫌いな時期を経ていない仕事は、本当に好きなことではありません。

一生懸命な人ほど悩みます。

悩んでいいのです。

嫌いな時期を、まず体験することです。

「お客様のためにやっているのに、なんで怒られるんだ」という時期にいる人は、いい経験をしています。

好きなことが好きなまま一直線で進む人は大成しません。

必ず嫌いになる時期が訪れます。

嫌いな時期を乗り越えて、「それでもやっぱり好き」と思える仕事が、あなたの天職なのです。

日のためにその④

一度、イヤになる体験もしよう。

「期限切れのチケット」を持って来られた時が、サービスのチャンス。

お客様が有効期限の切れている無料券を持ってお店に来たとします。

その時に「これは有効期限が切れています」と言ってお断りすることは間違いではありません。

でも、その対応が正しいともいえません。

そのお客様がどんな気持ちになるかです。

有効期限内の無料券を持ってきた人から代金をいただかないのは、サービスでもなんでもありません。

お客様は自分の権利を主張して、その権利が通っただけのことです。

それはただの作業です。

たとえば、喫茶店でお客様が空《から》のコップを前に、薬の包みをあけているとします。

手元にあるコーヒーでは薬は飲みにくいなと思っている時に、「お水をどうぞ」と出されたら、うれしいはずです。

これがサービスです。

「すみません、薬を飲むので水を下さい」と言われてから水を持っていくのは、ただの作業です。

サービスと作業との差をきっちりつけましょう。

作業でお客様を育てることはできません。

有効期限の切れた無料券を出した時に、「期限が切れていますね。今度から早く使って下さいね。今日はいいですよ」と言われたらうれしい。

その時に初めて無料券が生きるのです。

無料券をデートで使うだけでも男としてはみっともないことです。

そのうえ、有効期限が切れていて「すみません」と言っているところを彼女に見られたら、2度とそのお店には行けません。

それはお客様を逃がすマイナスの育成です。

無料券は、お客様を誘引するためにあるものです。

お客様が有効期限の切れていることに気づかなかったことは、むしろチャンスです。

気づかないから来たのです。

有効期限が切れていることに気づいて捨てられていたら、お店に来ることはありません。

「有効期限が切れています」と言うのは正しいことですが、サービスにはならない。

よく来てくれていたお客様が最近来なくなったのは、スタッフの誰かが「有効期限が切れています」と言って無料券を返してしまったからです。

有効期限が切れているのに出してしまうことは誰しも経験があります。

その時に「切れていてもいいですよ」と言ってくれたら、相手のことを神様のように感じるはずです。

明日のためにその⑤

「使えないチケット」を受け取って、生かそう。

全体よりも、一部のことが喜ばれる。

ほんの少しのことで、その店員さんの大ファンになるか、2度と顔を見たくなくなるかの分かれ目になります。

これがサービス業の楽しいところでもあり、怖《こわ》いところでもあります。

タクシーの運転手さんが、目的地に着いて停車したとたんにメーターがすすんだ時、「いいですよ」と言ってくれることがあります。

たかだか何十円の問題です。

でも、これはお金だけの問題ではありません。

何十円の損をすることより、お客様の気持ちを考えて、そのお客様をファンにできたら売上げを伸ばせます。

大学のサークルで打ち上げをする時に「あそこで飲もう。あそこのお店は感じがいいよ」となります。
「感じがいい」というのがサービスであり、ブランドです。
口に表現できない何かが「感じがいい」になるのです。

明日のためにその⑥

全体よりも、一部で勝負しよう。

データより、生の反応を見よう。

無料券の有効期限や売上高のデータばかりを一生懸命見ていると、やがてお客様を見なくなります。

たしかに大切な1つの指標ですが、データはただの結果です。

データをにらんでいても、数字はよくなりません。

お客様を喜ばせたことによって、結果として数字が上がってくるのです。

データにならない数字は、お客様の生《なま》の反応を見てつかみましょう。

お客様が喜んでいたことは数値化できません。

ムッとして帰っても、お金は払ってくれます。

売上げには加算されていますが、お客様の気持ちはコンピュータには残りません。

お客様の反応は、店員さんの1人1人に残ります。

「無料券の有効期限が切れています」と言うと、「じゃ、いいです」とムッとして帰るお客様もいます。

お客様にムッとされたら、人間は誰でも「私が悪かったのかな」と落ち込みます。

「ムッとした」、「落ち込んだ」というのは、データになりません。

そんな時は、「これは何か作戦を考えなければ」と反省すればいいのです。

いい失敗をしたと考えるのです。

同じ状況は必ず起こります。

1回しか起こらないミスはありません。

1回のミスを経験したら、そこで反省して対策を考え、あと100回起こるミスを防げばいいのです。

生のデータは自分のメモにしか残りません。

スポーツマンは、コンピュータに残るスコアや試合データのほかにも、必ず自分でメモをつくっています。

ムッとされて悲しかったことをメモとして残すのは、サービスマンとしての財産です。
目に見えない財産です。
コンピュータに入っているものは財産ではありません。
売上げノルマ達成は財産ではなく、目に見えるものです。
目に見えないもの、数値化できないものを、自分の感覚でつかんでいきましょう。
自分自身の感覚を大切にするのです。

明日のためにその⑦
数値化できないことを、見逃さない。

滞在時間を増やすには、五感にこだわる。

お客様は感覚でお店を選びます。

お客様の固定店になるには、
①来てもらう頻度《ひんど》を増やす
②滞在時間を長くしてもらう
という2つの方法があります。

これが結果として売上げの数字に結びつきます。

お金を使わなくてもぶらっと来たり、「あそこで待ち合わせて、それからどこに行くかを決めよう」と来てもらう頻度を増やすのです。

視覚、聴覚、触覚、味覚、嗅覚《きゅうかく》という五感によって、滞在時間は長くもなればば短くもなります。

「もうちょっと長くいようと思ったけど、トイレの水を流していない。めちゃくちゃ臭い」と思うと、早くお店を出たくなります。

たとえお客様が臭いと感じても、そこで働く人たちは臭いと感じないことがあります。

いつの間にか臭くなっていることに、気づかないのです。

今まで1時間滞在していたお客様が30分で帰るのは、何かが臭くなっているのです。

お店の人がそれに気づくことです。

お客様の固定店になることは、そのお店が「なくてはならない店」になることです。

働いているスタッフの1人1人がなくてはならない人になるということです。

昔からあるお店でも閉店になるところがあります。

「なくなったら困る」「休んだら困る」と思われるようなお店、店員さんになることを目指すのです。

明日のためにその⑧

なくてはならない店になろう。

サービスとは、「違うことをすること」だ。

前回と同じこと、昨日と同じこと、隣のお店と同じことをしていたのでは、サービスではなく、ただの作業になります。

サービスは無限です。

ここまでやればOKということはありません。

昨日と同じことをやっていたのでは、昨日のサービスを期待をされます。

それは当たり前で、幸せは感じません。

これは女性を喜ばせることと同じです。

前回喜んだプレゼントと同じものをあげても、喜んではくれません。

1回言ったギャグを何回も続けて言う人と同じです。

5〜6回聞いたギャグは、言えば言うほど評価が下がります。

面白い人は、面白いことを何回も繰り返しません。

初めてすることを毎日1個ずつ、みんながそれぞれやってみましょう。

これがサービスです。

1日に10個も20個もやる必要はありません。

1日1個でいいのです。

その結果はコンピュータのデータには残りません。

ほんのささいなことの積み重ねがサービスです。

「そんなに毎日いろいろなこと、続けられない」と言う人がいますが、そんなことはありません。


何か1つ、具体的にやってみましょう。

小さいことをやってみても、うまくいかないことがあります。

そうすると、「それならこうしてみようかな」と次のアイデアが浮かびます。

それを次の日に試せばいいのです。

新しいことを10個、10日間でやる必要はありません。

1個やってみて、その別バージョンを次の日にやります。

1個のアイデアで毎日いろいろなことができます。

全然違うことを10個やるのは大変です。

まず1個のことをやってみて、その修正案、そのまた修正案……とやっていけばいいのです。

誰か1人ではなく、10人いたら10人でやります。

うまくいかなくても、責めてはいけません。

うまくいかなかったという財産が残ります。

それは心の財産になるのです。

明日のためにその⑨

1日1個、違うことをしよう。

他業種のサービスで、取り入れられるものに気づこう。

接客業には、エンターテインメント技術が必要です。

自分が関連している業界だけでなく、いろいろな業界の研修に参加してみましょう。

研修に参加したら、「自分のお客様にとって、何か役に立つことはないか」を探します。

研修会場のホテルもサービス業の場所です。

ホテルならではのノウハウを学ぶことができます。

休憩時間は、お弁当を食べたり、タバコを吸う、トイレに行って終わりではもったいない。

1日24時間のうち、あなたもよその会社のサービスをいろいろ利用しているはずです。

わざわざどこかへ勉強に行く必要はありません。

自分のまわりから何かを盗めばいいのです。

電車は運輸業ではなくサービス業です。

新幹線の中でも「自分だったらこうするのに」「これ、うちのお店でも使える」と常に見る意識を持ちましょう。

「何時間も電車に乗って面倒くさいな」と思うのではなく、「何かヒントはないかな」という気持ちが大切なのです。

明日のためにその⑩

今いる場所から、何かを学ぼう。

ショートより、オーバーがいい。

サービスに、「やりすぎ」はありません。
お客様により踏み込んでやりすぎたら、戻ればいいのです。
「やらなすぎ」はよくありません。
ゴルフのパターと同じです。
ショートよりもオーバーがいいのです。
オーバーしたら戻せばいいだけですが、ショートではいつまでたっても入りません。
やりすぎたら、次はそのフォローをどうすればいいかということで頭を使いましょう。
「マニュアルがありますから、マニュアルを守らないと」と言う人もいます。

マニュアルを崩《くず》すのではありません。

マニュアルの内容をバイト君に伝える時に、伝え方を工夫《くふう》することも「昨日と違うこと」です。

ほめ方や叱《しか》り方も変えてみましょう。

今まで10人全員に言っていたことを、1人ずつに言ってみます。

常に何か違う新しいことをやるのが差別化であり、サービスです。

昨日の自分と競争するのです。

これでOKということはありません。

それ以上のプラスアルファのことを見つけて、どんどん試してみればいいのです。

明日のためにその⑪

昨日の自分と競争しよう。

一流のサービスマンは、目線を常に上げている。

まじめな人は、うつむき気味になります。

サービスはスポーツです。

スポーツは、常に自分の置かれている状況を把握《はあく》する必要があります。

うつむくと全体の状況が見えません。

自分の足元しか見えなくなります。

店員さんが大勢いるのに目が合わないお店は、店員さんがうつむいています。

一流のホテルマンの目線は、真っすぐより下には下がりません。

目線は、常に目の高さにキープされています。

ところが、気取っているだけでサービスのよくないホテルは、フロントの人の目線が必ず下を向いています。

お客様が声をかけて初めて顔を上げます。
リーダーを任されている人は、うつむいていない人です。
だからリーダーになるのです。
考える時も、うつむかないで目線を上げています。
うつむきながら「さあ、このあとどうしよう」と言っても、アイデアは出てきません。
お客様にクレームを言われても、うつむかないことです。
頭は下げても、目線は下げない。
目線を下げる人は、お客様から逃げています。
あいさつをする時でも、45度・60度とおじぎの角度を気にする人がいます。
あいさつは「深さ」ではなく、「気持ち」です。
相手の表情を見て気持ちを感じとることが大切です。
相手の表情を見ていたら、目線はいつも下がりません。
目線を下げると、相手に気持ちは伝わりません。
サービスは、くじけそうになることの連続です。

自分では対応しきれないことが起こったり、クレームを言われたりすることもあります。
このくじけるかくじけないかの境目のところで踏ん張って目線を下げないことで、次のアイデア・代替案が出るのです。

明日のためにその⑫

ピンチの時ほど、顔を上げよう。

目の前にいるのに「4番でお待ちのお客様」という不自然さに、気づこう。

ファーストフードのお店で、「調理に3分少々いただきますので番号札《ふだ》を持ってお待ち下さい」と言われることがあります。

4番の札を受け取って、3番の人まで料理が来ています。次の番だと思ってカウンターの前で待っていると、「4番でお待ちのお客様」と、遠くの人に呼びかけるように言われました。

この店員さんは番号しか見ていないのです。

番号札を渡したら、番号で覚えておけばOKだと思っています。

明らかに目の前で待っているお客様のぶんだとわかれば、「お待たせしました」ですみます。

大きい声で「4番でお待ちのお客様」と言う必要はありません。

100人もお客様が待っているなら、「○番でお待ちのお客様」と言うほうが間違いはありません。

1人しか待っていない時は顔で覚えても間違えることはありません。

番号札に頼ると、自分の力で覚えようという意識がなくなってしまいます。

これは、サービスマンを育てる時のヒントになります。

そういう経験をしたら、あなたの職場で似たようなことがないかを考えてみましょう。

ほかのサービス業でいい経験をすることは大切です。

でも、悪いサービス・ヘンなサービス・不思議なサービスを受けた時も、あなたの仕事に役に立つのです。

明日のためにその⑬

番号札に、頼らない。

サービスとは、考えることではなく、感じること。

売上げにも給料にも何も関係ないことをやっても、うれしいと感じることがサービスです。

お金のことを考えると、必ず動きがぎこちなくなります。

そこからサービスは生まれません。

売上げになるかならないかばかりを考えるのはやめましょう。

それよりも、お客様に「ちょっとこれ、ヘン」「おかしい」「寂しい」「うれしい」と感じさせることです。

サービスしたことがムダになることはありません。

10個やって、1個でも何かを感じてもらえたら御《おん》の字です。

それぐらいの気持ちでいいのです。

先日、ザ・リッツ・カールトン大阪に泊まった時に、ホテルマンに「明日、有馬グランドホテルに行って講演する予定です」という話をしました。

そうしたら、「有馬グランドホテルは朝食がおいしいらしいですよ」というカードが届きました。

そう聞くと、朝食が楽しみになります。

部屋にクマのぬいぐるみが置いてありました。

「これ、持って帰って下さい。本当はバレンタイン用なので、まだお分けしていないんですが……」とビニール袋から出して見せてくれました。

まだ一般には出回っていない限定品です。

そういうささいなことがうれしい。

「わざと出してはいけないものを出しているみたいに、こっそりビニール袋から出してくれたんだな」と思うと、特別なサービスをされたようでうれしく思うのです。

明日のためにその⑭

「ヘンなこと」に違和感を持とう。

お客様が喜ぶ姿を想像して、動こう。

サービスは、記憶です。

考えただけのことは記憶できません。

感じたことは記憶できます。

細かいダンドリが決まっていたり、新しいサービスを試してみようと思った時に、1回ハマって感じた記憶がある人は、「きっと喜んでくれるに違いない」というドキドキ感をもって行動できます。

デートの時に女性を喜ばせてハマっていくタイプと同じです。

「こうやったら喜んでくれるかもしれない」と、相手が喜ぶ前から自分の気持ちがドキドキします。

だからいろいろな小細工《こざいく》を考えるのです。

サービスは小細工です。

小細工をやっている最中に頭の中からドーパミンが出てきます。

まだ相手は喜んでいないのに、「これをやったら喜んでくれるに違いない」と頭の中からドーパミンが出ているのです。

結果として「やっぱり喜んでくれた」と思うと、またしてもドーパミンが出るのです。

お客様が喜んでくれる姿を想像できると、やるべきことが見えてきます。

先まわりして考えたり、まわりくどく考えるのではありません。

今までお客様に喜んでもらった思い出が、サービスマンにとっての大切な財産になるのです。

明日のために その⑮
小細工しよう。

お客様と話せるチャンスを逃さない。

お客様は、盛り上がるためにお店に来ています。

でも、一部の集団が盛り上がっているのは、ほかのお客様にはただうるさいだけです。

これはお客様の心理として仕方ありません。

そこで自分たち以外に盛り上がっている声を聞かずにすむカラオケボックスが流行《はや》りました。

スナックにあるようなカラオケでは、お客様の歌声がだんだん大声に変わります。

人が歌っているのを聞いて、「なんでよそのグループのボリュームは大きくて、うちのボリュームが小さいのか」と感じるのがお客様の心理です。

ワーッと盛り上がっている人たちがいると、その横では必ず「うるさいので何とかして」と言うお客様がいます。

クレームは、騒いでいるお客様には向かいません。騒いでいるお客様をほうっているスタッフに「何をやっているんだ」とクレームが来ます。

飛行機の中でも同じです。

赤ちゃんがワーワー泣いていても、赤ちゃんに怒る人はいません。赤ちゃんを泣かしている親や、ほうっているスチュワーデスさんに「何をやっているんだ」と怒ります。

サービスマンにクレームが行くのです。

誕生日のイベントで来ているお客様は、盛り上がるために来ているのだから、スタッフは黙《だま》って見ています。

でも、これをほうっておいたら、ほかのお客様から「うるさいので、静かにするように言ってよ」とクレームになります。

一方で、「すみません。ほかのお客様がいらっしゃいますので静かにして下さい」とも、なかなか言いにくいものです。

騒ぎに来るお客様は必ずいます。

そんな時は静かにさせなくても、「にぎやかですみません」と言ってまわるだけでほかのお客様は救われます。

ちょっとの気配りで、お店の雰囲気が変わるのです。

実は、スタッフの側からお客様に話しかけるきっかけはほとんどありません。

それに慣れてしまうと、無口なサービスマンになってしまいます。

それに気づくことです。

ワーッと騒いでいるお客様がいたら、話せる機会です。

お客様と話す機会を逃さないようにしましょう。

「にぎやかですみません。実はお誕生会なので」と初めてお客様と話すことができます。

事務的なこと以外で話ができる最高のチャンスなのです。

明日のためにその⑯

泣いている赤ちゃんに、近づこう。

プレゼントは、中身より「渡し方」で差がつく。

イベントの抽せん会でいろいろなプレゼントや景品を渡すことがあります。

景品はどこの店でもだいたい同じものです。

それをどうすれば喜んでもらえるか。

「女性が、もうどうにでもしてと言ってくれるようなプレゼントはなんですか」という質問を受けることがあります。

そんなプレゼントはありません。

その発想をまず消すことです。

それではモテません。

モテる人は、たいしたプレゼントでなくても、渡し方にひとひねりの工夫があります。

プレゼントは何をあげるかではなく、どうあげるかです。

渡し方で差が生まれるのです。

プレゼントに小さい手紙のメッセージをつけて渡したら、それだけでも違います。

バリエーションは無限にあります。

プレゼントはもので勝負するのではありません。

ファミリーで来たお客様には、子供を喜ばせる工夫が有効です。

結果として親も喜んでくれます。

カップルで来ている人には、女性を喜ばせると、男性も喜んでくれます。

犬を連れてきた人には、犬をほめると、喜ばれます。

大阪のコミュニケーションは、「横断歩道でちゃんと待っていて偉いね。どの子?」と犬に話しかけます。

そうしてもらったほうが、飼い主さんもうれしいのです。

これがサービスの大原則です。

「お名前はなんていうんですか」「何歳ですか」と、飼い主さんより犬に直接聞いてあげましょう。

子供にも直接話しかけます。

売上げばかりを考えてしまうと、5人で来てお金を払う人だけに「ありがとうございました」と言って、ほかの人はほったらかしになります。

お金を払う人ばかりに話しかけるのではありません。

お金を払わない人にも話しかけると、お金を払う人はもっと喜んでくれるのです。

明日のためにその⑰

プレゼントの渡し方のバリエーションを、つけよう。

チェックインから支払いまでが、サービスではない。駅に降りた時から家に帰るまでが、サービス。

ショッピングセンター・ゲームセンター・カラオケ・ボウリング場などの箱物サービスは、外がほったらかしになることが多いです。

駐車場は「お店の外」という感覚になってしまいます。

お客様にとっては、駐車場は設備の一部です。

実は、頭の中で考えているサービスの範囲はお客様のほうが広くて、お店のスタッフのほうが狭いのです。

郊外店になると駐車場の大きいところがあります。

駐車場が大きければ大きいほど、「お店の建物に入ったらお店の責任範囲で、駐車場はお客様の管轄《かんかつ》なのでお店は責任を持ちません」となることが多いです。

お客様は、カラオケに行こうと家を出るところから楽しみが始まっています。最後に家に帰るところまでがカラオケの楽しみなのです。

カラオケボックスでは「○名で2時間でお願いします」から、「この1曲で終わりにします」までをサービスと思っていることが多いです。

チェックインから、支払いのチェックアウトまでがお店の責任範囲だと思い込んでいるのです。

忘れ物をしたお客様がいました。

今すぐ走れば追いかけられるのに、「どうせまた来るだろう」と思ってしまうと追いかけるのをやめてしまいます。

自分たちのテリトリーから外に出られなくなっているのです。

大きなお店ほどこの現象は起こります。

外に出て何かをするのではなく、ただお客様が来るのを待つようなサービス業にいつの間にかなってしまうのです。

明日のためにその⑱

お店に来るまでのサービスを、考えよう。

テリトリーにこだわると、サービスではなく「アリ地獄」になる。

サービスマンは、お得意様を訪ねるために外に出ていく習慣があります。
ところが、二流のサービスマンはアリ地獄《じごく》のようにお店の中でじっと待っています。
アリ地獄の1センチ外側をアリが歩いています。
でも、アリ地獄の主であるウスバカゲロウはそれを捕まえることができないのです。
アリ地獄で捕まえられる虫は月に1匹です。
アリ地獄は効率が悪い。
株式会社なら倒産します。
いいビジネスモデルではないです。

チェックインからチェックアウトまでは一生懸命にサービスをするのに、目の前で忘れ物をしてもお店の外までは追いかけないというのは、アリ地獄と同じです。

とくに立派なお店の中で仕事をしている人は、「走って追いかけてみようか」と外へ出られるかどうかの差はとても大きい。

サービスの現場はお店の中だけではないのです。

通勤途中でもお客様に会うことがあります。

営業時間外に街で会った時に「また来て下さいね」と言えない人がいます。

テリトリーという発想をなくすことです。

どこからどこまでは自分の責任だけど、それ以上は自分の責任ではないと思わないことです。

車で通勤している従業員が、お店の駐車場でライトのついた車を見つけたら、「誘導して助けてあげよう」と、すぐ次のサービスや行動に移すことが大切なのです。

明日のためにその⑲

テリトリーに安心しないようにしよう。

ボディーブローのサービスが、効いてくる。

お店の中には、小さい子供が届かないようなところにも品物がたくさん置いてあります。

子供が実際に手にとってくれるかどうかで、売上げも違ってくるはずです。

ディズニーランドの周辺のホテルには、洗面台の前に小さな踏み台が置かれています。

子供が大切なお客様として認識されているのです。

あるゲームセンターでは、小さい子供が背伸びをしながら遊んでいるのを見て、スタッフが踏み台を用意してあげました。

この時スタッフは、「今のはやりにくかったよね。もう1回やり直していいよ」と言って、ゲームをリセットしてくれました。

小さなサービスですが、子供だけでなく、一緒にいる親もうれしいはずです。

サービスのコツは、1つの大きなことをするより、2つの小さいことを実行することです。

小さい1個では弱い。

でも、小さいことが2個になると、2個目が効きます。

「子供が笑顔になるようなことを、何かもう1つやってみよう」と考えてみましょう。


サービスはボディーブローです。


KOパンチではありません。

強烈なアッパーカットやストレートパンチを1発ガーンと入れようとしてもムリです。

サービスは、ひたすらボディーに当てましょう。

1発1発がじわじわ効いていきます。

ボクシングの試合はボディーブローの戦いです。

ボディーブローの効かしあいです。

踏み台を持っていき、さらに1ゲームサービスしてあげたという2段階の連打が効いたのです。

サービスは連打です。

普段は踏み台を片づけておいて、小さい子が来たらわざわざ出してあげるのも、お客様にとっては悪い気がしないでしょう。

こうしたサービスは、日ごろから観察する力・気づく力を磨《みが》くことでひらめくようになるのです。

明日のためにその⑳

1つの大きいサービスより、2つの小さいサービスをしよう。

面倒くさいお客様に出会ったら、「いい経験をさせてもらった」と喜ぼう。

あるボウリング場に、「貸靴は2階です。レーンは3階にあります」という表示がありました。

建物の構造上でやむをえないこととはいえ、初めて来たお客様は勝手がわかりません。

いきなり3階のレーンに行って、それからまた2階に靴を借りに降りて行くのは面倒です。

これは、書いてある表示を見なかったお客様のミスではありません。

フロントで「〇番レーンです」と案内する時に、「貸靴はこちらでございます」という一言をつけ加えておけばよかったのです。

お客様が靴を借りないでベンチに入って、靴を借りるフロアが別にあることに気づいた時はチャンスです。

そこでスタッフが近づき、「サイズはいくつでしょうか」と聞いて走って借りてくるサービスが考えられます。

すでに第1投のことを考えているお客様にとっては、とてもうれしいサービスです。

口頭で案内してもお客様は気づかずに、お客様の手をわずらわすようなことが起こった時はサービスをするチャンスです。

こういうことは1日に何十件も起こってますが、クレームになることはまずありません。

お客様が「えー、面倒くさいな」と言うだけで終わりです。

その時にスタッフが、「私たちの案内ミスでした、申し訳ありません」と言ってサービスをすれば、「ここは感じがいいね」と思ってもらえるのです。

それに気づくサービスマンとそうでないサービスマンがいるのです。

明日のためにその㉑

面倒くさいお客様を、財産にしよう。

「何かを探しているお客様」に、気づこう。

あまりにも役割分担がきっちり決まっていると、「自分の仕事はこれだけをやっておけばいい」となりがちです。

一流のサービスマンは、いろんな部署の仕事を手伝うオールマイティの雑用係を目指しましょう。

お客様が店内をうろうろしていたら「何かお探しですか」と言ってサポートするのです。

誰がそれをやるという担当制ではありません。

すべてのスタッフが雑用係であり、案内係です。

「何かお探しですか」という一言がスタートです。

お客様がトイレを探していたり、スタッフの誰かに聞きたいことがあって、キョロキョロしていることがよくあります。

「何かお探しですか」と言うチャンスはいくらでもあるのに、実際にはほうっておかれているのが現状です。

お客様が探している時に、スタッフが「何かお探しですか」とすぐ来てくれると、感じよく思います。

私はサービス業が専門なので、ホテルに行くと、うろうろして「ここはこうしたほうがいいのに、もったいないな」と見てまわります。

一流のホテルでは必ず「何かお探しですか」と声をかけられます。

これは勇気のいることです。

うろうろしている人が不審者ということもあります。

うろうろしている人がいたら、「何かを探している人だ」と気づくセンサーが大切です。

トイレで行列ができている時は、遠くにあるトイレを探したほうが早い。

近いところで並んでいても、何の発見もありません。

遠くのトイレまで行くと、何か新しいことを見つけることができます。

トイレに行くついでに歩きまわることは、何か面白いものを見つけるチャンスです。
じっとして待つか、歩いて待つか。
ふだんから動くことを行動習慣として身につけていれば、チャンスは広がります。

明日のために その㉒

「何かお探しですか」と声をかけよう。

写真コンテストは、リピーターにつながる。

どんな業界でもどの業種でも、仕事の基本がサービス業であることには変わりありません。

たとえばホテルに来て、トイレに行ったり、ごはんを食べたりして「ここ、うまいことやっているな」「ここ、もっとこういうふうにしたらいいのに」「これ、うちでもできるな」と気づくことが大切です。

ネタはいろいろあります。

レストランで食事をしながら、「ここで働いている子はみんなかわいいね」でもいいのです。

「ファッションもメイクも洗練されている若い女性が、どうしてここに集まっているのかな」と考えるのは、一種の気づきです。

自分がお客様として行った時でも、お客様や働いている人、サービスを見ることはとても役立ちます。

あるホテルのレストランの入り口に、写真がたくさん飾ってありました。写真のコンテストをやっていたのです。

不思議なのは、ホテルで写真のコンテストをやって誰が見に来るか、です。普通は「ホテルで写真コンテストをやっても、誰も見に来ないよ」と思われることが多いです。

でも、コンテストに写真を出した人は見に来ます。

年1回、半年に1回だけ来るお客様が、写真コンテストで掲示されている期間にもう1回来ることもあります。

本人だけではなく、「僕の写真が飾ってあるから、見に行かない？」と誰かもう1人を連れてくることもあります。

初めて来るキッカケの1つは、誰かに連れて来られることです。

「自分たちはリピーターのある仕事ではないんです」という仕事でも、「お客様をリピートさせるにはどうしたらいいか」を考えましょう。

初めて来るお客様に、「よし、あそこへ行こう」というキッカケをいかにつくるか。
誰かに連れて来られるようなキッカケをつくることも、お客様を増やす1つの方法なのです。

明日のためにその㉓

写真コンテストをしよう。

観光客は、2度来る。1度目は、店員さんの下見。

地方から旅行に来た人は、ホテルに泊まります。

旅行者は、基本的にリピーターではありません。

ホテルのそばのリーズナブルな値段のブティックに買い物に行きました。

このお客様が明日は帰ってしまうことは、お店の人にもわかります。

その時に、リピーターではないお客様に対して、「どうせもう来ないから」と思って親切に対応しない店員さんがいます。

そうすると、そのお客様は2度と来なくなります。

実際に買い物をしてくれるお客様は、1度目は下見をして、2度目に来店した時に買ってくれます。

1泊2日だったら、1日目が下見で2日目が買い物だと考えて下さい。

1回目は買っていないけれども、2回目にはリピーターになっています。

1回目はお店の人と簡単なやりとりをして、「この店員さんと友達になれるかどうか」を見ています。

実は、人を見ようと思って行っているわけではないのに、無意識に店員さんを選んでいるのです。

店員さんにとっては、お客様から見られているという意識は希薄でも、お客様からは見られています。

「なんとなくあのお店、感じがいい」というのは、そこにいた店員さんの感じがよかったということなのです。

明日のためにその㉔

「自分が下見されている」と感じよう。

自分のファンを増やすことが、お店のお客様を増やすことになる。

お店のファンを増やす前に、まずあなた自身のファンをつくりましょう。

結果として、それぞれのスタッフが持っているファンが集まってお店のファンになります。

お店のファンをつくるのは大変なことです。

「自分が一生懸命頑張っても、あの人が一生懸命やっていなかったらダメだしな」と考える必要はありません。

スポーツでもそうです。

好きなスポーツがあってどのチームが好きということ以前に、まず個別の選手が好きなのです。

女性の野球ファン、サッカーファンはとくにそうです。

「選手のファン」から入っていきます。

自分の好きな選手がどのチームなのかを知らない人もいるぐらいです。

先日、洋食屋さんでランチを食べていたら、みんなが株式投資の話をしていました。

そんな中、端っこにいる40歳ぐらいの女性2人は、「栃東《とちあずま》が横綱になれるかどうか」という話をしていました。

世の中の流れに左右されていません。

独自の世界を持っています。

この2人は、相撲《すもう》ファンではなく栃東のファンです。

相撲はプロスポーツとしての人気を盛り上げるのも重要ですが、こういう力士個人のファンがいることが大切です。

お店のファンをつくることは、「あそこのバイトの○○君のファン」になるのと同じです。

美容院はこの形態です。

「○○先生に予約をお願いします」「その日はいっぱいです」「では、別の日にします」となります。

まわりの人は気にせずに、自分のファンをつくろうと思えば頑張れるのです。

明日のためにその㉕

「お店のファン」の前に、「自分のファン」を増やそう。

会話がないと、モノは売れない。

自分のファンをつくるために、まずお客様のことを覚えましょう。

キャバクラでは、自分の名前を覚えてくれて、「あ、○○さん」と話しかけてくれた女性を好きになりがちです。

かわいい女性が必ずしもナンバーワンになるわけではありません。

お店の人からすると、お客様はほとんど同じに見えます。

お客様の覚え方にはコツがあります。

顔ではなかなか覚えられません。

サラリーマンはみんな同じ顔に見えます。

「僕《ぼく》の名前、覚えている？」と言っても、覚えているわけがありません。

そのお客様自身も相手の女性の名前を覚えていないのですから、お互いさまです。

キャバクラで働く女性は、お客様のことを話した内容で覚えます。

話の内容は、

①事務的な会話

②事務的ではない会話

の2通りがあります。

①には、スターバックスでの例がおすすめです。

お客様の注文にバリエーションはそれほどありません。

スターバックスコーヒーのメニューは豊富なので、迷ったら大変です。

私自身も、夏は「アイス・グランデ・ラテ」、冬は「グランデ・ラテ・スリーブ付き」です。

1日に1回、自分の立ちまわり先の店に入ります。

毎日同じお店に行くわけではありませんが、私のような言い方をする人は「アイス・グランデ・ラテと言う人」で覚えることができます。

「アイス・グランデ・ラテ」は社員がよく使う言い方です。

「アイス・ラテのグランデ」というのが一般のお客様の言い方です。

私はいろいろなところに研修に行く中で、スターバックスにもいろいろアドバイスをしています。

社内用語で「アイス・グランデ・ラテ」と言っていたので覚えたのです。

ホットの時は熱くて持てないのでスリーブ（カップにつける厚紙のカバー）をつけてもらいます。

これで「いつもスリーブ付きと言うお客様だ」と覚えてもらえます。

キャバクラの場合、お客様の注文はドリンクの種類で覚えると間違いありません。

注文するもののクセはブレがありません。

たまに試してみるけれども、いつものドリンクにやっぱり戻ってきます。

②の事務的ではない内容としては、たとえば「あ、そうそう、この人と占い《うらな》の話をした」のように具体的な話と関連させて覚えましょう。

サービスを売るためには、会話が必要です。

会話なしにサービスや商品を売ることは、もはやできない時代です。

黙って何かを売る商売はもう成立しません。
とくに、アミューズメントや地域密着型のビジネスは、会話がないと売れないのです。

明日のためにその㉖

「事務的でない会話」をしよう。

会話から、ファンになる。

会話をすればすぐに何かが売れると考えるのは短絡的です。

会話することによって、まずファンになってもらえます。

お客様は会話の量が多かった店員さんのファンになるのです。

深刻な内容ではなく、どうでもいい会話でかまいません。

どうでもいい会話が気軽にできる人を求めて、お客様はいろいろなお店に行くのです。

エステティックサロン、マッサージ、ペットショップ、どこに行ってもずっと話しています。

最初は犬の話でも、ほとんどダンナさんや家族の話に変わっていきます。

その話をするために、トリマーさんのところに犬を連れてきているのです。

美容院での会話を聞いていると、髪型の話はほとんどありません。

私はダンスを習っていますが、男性はとにかく必死ですから、話しながら踊ることはできません。

ところが女性の場合は、ダンスを習いながらずっと関係ない話をしている人が少なくありません。

女性はそれが楽しいのです。

たとえ習い事であってもそうです。

男性の生徒さんは黙々とやることが多い。

女性の生徒さんは、先生が「はい、始めましょう」と言うと、「ちょっと昨日から骨盤が痛くて」と自分の痛い場所の説明から入ります。

なかなか始めません。

それもコミュニケーションとして必要なことです。

会話を1つでも積み重ねることによって、あなたのファンは増えるのです。

明日のためにその㉗

「商品と関係ない話」もしよう。

「こうすれば、できます」と、肯定的に答えよう。

お店に勤めるスタッフが、お店の側にまわってお客様と接してしまうと、お客様は味方になってくれません。

お客様の側にまわってお店と接する立場になって、初めてお客様は頼りにしてくれます。

あなたが誰の代理人、誰の味方かと考えましょう。

お店の代理人としてお客様と接すると、「この人は敵だ」と思われます。

お客様の代理人としてお店と接することです。

自分はお客様とお店をつなぐ役割りだと考えればいいのです。

一生懸命な人、会社思いの人は、会社の代理人になってしまいます。

お客様から「すみません、今度誕生会でこういうことをやりたいと思うんですが、このお店でできませんか」と言われても、「それはできません」と即答します。

「お店としてやったことがないからできません」と答えてしまいます。

「今までやったことがないのは、きっとできないからに違いない」と考えているのです。

「できません」と言うと、思考がとまります。

頭をとめてはいけません。

「こういう形で誕生会をやりたいと思うんですけど」「こういう形で予約したいんですけど」とお客様からむずかしいオーダーをされた時に、「できない」と答えるのは簡単です。

「支配人に相談しても、できないと言われるだろうな」と思った時に「支配人に相談してみますけれども、それはできないと言われると思いますよ」と言うのも、まだお店の代理人です。

「それはできないと言われるかもしれませんが、こうしたらできるかもしれません」とアイデアを出した段階で、お客様の側になれるのです。

「できません」と答えるのではなく、「こうしたらどうですか」と提案をしましょう。

お客様からむずかしいことを言われた時にそのまま受けられればいいですが、

それはせいぜい10個に1個です。

10個に9個は受けられません。

その9個のことを「でも、これだったらできるかもしれない。こういうやり方でいかがでしょうか」と返すことがサービスです。

サービスはお客様が言ったことをすべて受け入れることではありません。

受け入れられることは誰がやっても同じです。

むずかしいオーダーを持ってきてくれるのはあなたのファンだからです。

もしくは、これがキッカケでファンになるかもしれない人です。

「こういう形だったらどうですか」と次につながるボールを相手に返してあげましょう。

「こんな形でどうですか」「できません」とボールを外に蹴《け》ってしまうようなことを平気でやる人がいます。

ボールを外に蹴り飛ばすことをやっていて、「自分は仕事をしている」と思い込んでいます。

「会社のマニュアルを守った、自分はマニュアルに違反することは何もしていない」という気持ちになっているのです。

明日のために その㉘
「むずかしいオーダー」を、楽しもう。

お客様に、体の正面を向ける。

背中越しにお客様から「すみません。○○はできますか」と声をかけられた時に、顔も見ないで「ダメです」と言うのは最低です。

顔だけお客様に向けて「あ、ダメです」と言うのも感じが悪い。

大切なのは、お客様に体を向けて、「それ、ダメなんですよ。でも、○○だったらできますよ」と提案することです。

ついやってしまいがちなのは、顔だけ向けることです。

お客様に言われた時に、顔だけ向けても体が向いていることになりません。

まずお客様に体の正面を向けることが大切です。

サービスはスポーツと同じです。

スポーツにはフォームがあります。

お客様から何かを言われたら、正面を見て返事をするのがフォームです。お客様と話している時に別のお客様に話しかけられたら、今度はそのお客様に体を向けて返事をします。

この動きが柔軟にできるようになりましょう。

体のかたい人は首だけをまわします。

首だけまわしていると、「ダメダメ」というのが口グセになります。

体のフォームによって出てくる言葉が変わってくるのです。

「こういうの、できませんか」と言われた時に、顔だけ向けていると「ダメダメ」と言ってしまうのが、体ごと向けると「すみません。それ、できないんですよ」となります。

同じように否定されても、お客様に対する印象は変わります。

サービスの仕方にはフォームがあります。

「なぜあの人はファンが多くて、あの人はファンが少ないのか」と考えながら、自分のフォームを改善していきましょう。

1人1人のスタッフにファンがいることがプロ集団の条件です。

サービス業においては、自分のファンがいて初めてプロです。
とくにエンターテインメントの世界はそうなのです。

明日のためにその㉙

「ノー」でもニコニコ言おう。

裏方さんが、サービスマンになる。

お客様を楽しませる仕事をしている人は、「自分にはファンがいる」と思うことが自信につながります。

店頭にいる人だけでなく、裏方さんでも同じです。

裏方さんもお客様に接する機会があります。

お客様と廊下《ろうか》ですれ違ったり、トイレで会うこともあります。

「こんにちは」とお客様に話しかけると、「あの人はなんの仕事している人だろう」と思うところからサービスのキッカケが始まります。

裏方という大事な仕事があるとわかって、「あのつなぎを着ている人はなんていう人？」と聞きながらだんだん覚えてくれます。

ところが、お客様になかなか目線を合わせない裏方さんがいます。

サービス業においては、目線を合わせないことが礼儀正しいということにはなりません。

店内の清掃や商品の補充などに来て、黙って目を合わせないように作業してお客様に待ってもらう人もいます。

よくわかっているお客様は、作業の邪魔《じゃま》になるからと気を使って待つことがあります。

その時に、お客様に対して何か一言が言えるかどうかです。

「恐れ入ります」だけでもかまいません。

ほんの一言の差で、お客様に対する印象はよくも悪くもなるのです。

明日のためにその㉚

裏方さんを表に出そう。

お客様も、サービスをしている。

日常生活であなたがお客様になってサービスマンと接している時に、うれしかったことを思い出してみて下さい。

先日乗ったタクシーは女性の運転手さんでした。

「すみません。道をよく知らないので、教えて下さい」と言われました。

急いでいる時にこう言われると不安になります。

本当はタクシーの中で電話とかいろいろしたいことがありましたが、「まずは〇〇方面に向かって下さい」と、道を説明してあげました。

降りる時に、その運転手さんから「どうもご親切にありがとうございました」と言われました。

車の中で電話での打ち合わせができなかったけれども、道を教えてあげたことでそう言われたのはうれしかったです。

普通は、サービスをしている側がお客様に対して「ご親切にありがとうございました」とは言いません。

普段は聞き慣れていないので、「ご親切に」というのはうれしい言葉だと思いました。

スポーツクラブでお客様がバスタオルをたたんで置いていくなど、お店に対して敬意を払って帰ることに「ご親切にありがとうございます」と言えるかどうかです。

ただの「ありがとうございました」は、「お金を使ってくれてありがとうございます」という意味なので、当たり前です。

これはサービスではなく、作業です。

言われて悪い気はしないのですが、感動するほどではありません。

最近は気のきいた自動販売機でも「ありがとうございました」と言います。

それとたいして変わりません。

セルフサービスのレストランで、返却台にトレーを返しに行った時に、「どうもご親切にありがとうございます」と言ってもらえたら、次回からもっときちんとしようという気持ちになるし、うれしいです。

実は、お客様のほうが知らないうちにお店に対して細かいサービスをしていることがあります。

お客様も「そのお店で好かれたい」と思っているのです。

それに気がつかないのはお店のほうです。

気づけるようになると、自分たちのサービスもさらに向上します。

お客様が好かれようと思ってこまめにやっていること、または好かれようと思っていなくてもすばらしいサービス精神をもっていろいろやっていることがあります。

「自分たちがサービスをしていて、お客様はサービスなんかしていない」と思うと、お客様のサービスに気づけません。

お客様がしているサービスに気づいて「ご親切にありがとうございます」という気持ちを持つことが大切なのです。

明日のためにその㉛

お客様のサービスに、感謝しよう。

近所のお店の売上げを伸ばす作戦を、考える。

お客様というと、「自分のところにお金を落としてくれるお客様」のことだけを考えがちです。

ところが、野原のど真ん中に1軒だけあるお店なんて、めったにありません。お店の周辺には喫茶店、ラーメン屋、コンビニなど、必ずいろいろなお店があります。

自分のお店のことだけを考えてはいけません。

まわりのお店も含めて儲《もう》かることが、あなたのお店が儲かる1つのパターンです。

サービスの企画でも、「どうしたら自分のお店が儲かるか」だけを考えていくと、行き詰まることがあります。

その時に、「向かいのコンビニさん、ラーメン屋さん、喫茶店さんを儲けさせるためには、うちで何ができるだろう」と考えるのも、発想を切りかえてアイデアを出す1つの作戦です。

「自分のところで何か儲かる作戦はないか」と考えていると、アイデアは出にくくなります。

自分のお店の向かいにある喫茶店、パン屋さんを儲けさせる作戦を考えるとしたら、いくらでもアイデアは出ます。

周辺のお店を儲けさせるために自分のところで協力できるアイデアなら、世界が広がるからいくらでも浮かぶはずです。

まわりのお店を儲けさせるアイデアを出して協力してあげたら、必ず返ってくる何かがあります。

「おたくのおかげでとても儲かりました。そのかわり、うちの喫茶店にチラシを置かせてもらいます」という形になります。

まわりと共同してウイン・ウインになる、みんなが一緒に〝咲いていく〟という形をつくればいいのです。

往々にして間違うやり方は、「すみません、うちのチラシを置いてもらえませんか」と先に言うことです。

そうすると協力してもらえません。

チラシを置いてもらう喫茶店さんやパン屋さんにはなんのメリットもありません。

「ポスターを貼らせて下さい」というのは、迷惑以外の何物でもないのです。

時には、「すみませんけれども、こういう形で協力してもらえませんか」と外から頼まれてくることがあります。

頼まれた時に「いいですよ」と受けてあげることによって、次のアイデアにつながるヒントや、新しいかかわりあいが生まれます。

自分が儲かることを先に考えるのではありません。

まず相手にメリットのあることをつくってあげる発想を持ちましょう。

お客様と接する時も同じです。

まず、お客様のメリットになることは何かを考えます。

「自分が儲かるにはどうしたらいいだろうか」とだけを考えると、必ず行き詰まります。
そういう人にはファンは集まりません。
お客様のメリットになることをすれば、結果として利益につながるのです。

明日のためにその㉜

隣のお店を、儲けさせよう。

最初から優勝を狙うのではなく、シードに残ろう。

競争が厳しくなった時にまず敗れるのは、自分と同じ業種・業態だけを目のかたきにするタイプです。

自分のライバルを見誤っているのです。

ほとんどの場合、自分と同じ業種・業態のお店は、ライバルというより共同体になります。

同じ業態が2店あって、1店だけが流行ることはまずありません。

2店とも流行るか、2店ともすたれるか、どちらかです。

中華料理屋・ラーメン屋・美容院が同じ地域に集まるのは、そのほうがお客様が集まるからです。

同じ業種・業態のお店が隣接することは、決してマイナスではありません。

逆に、自分の業種とは異なるお店を「あそこはライバルではない」と考えていると、お客様がそちらのお店に行ってしまうことがあります。

ライバルとして意識できないと、そこから何かを学ぼうとしないからです。

「近所に〇〇さんができまして、やられました」「売上げが落ちました」「お客様をとられました」と言う人がいます。

これはただ本人の努力が足りなかったり、サービスで負けているだけです。

サービスでお客様を増やす、ファンをつくる、売上げを伸ばすことは、決してひとり勝ちすることではありません。

そんな時代はとっくに終わっています。

ひとり勝ちしたら、長続きしません。

次の新しいものに、いつか淘汰《とうた》されます。

「ファンをつくる」ということは、長続きしていけるということです。

「今年は流行るけど、来年はどうかわからない」という仕事の仕方、サービスの仕方では長続きしません。

長いゲームで勝ち残るためには、ひとり勝ちをしないようにしましょう。

別の言い方をすると、優勝しようとしないことです。

サービスの世界では、優勝する必要はありません。

優勝するのではなく、シード権を手に入れればいいのです。

お客様が「今日は◯◯をしよう」といった時の候補に入ることです。

「ごはんを食べたあと、何しようか」という時に、「映画に行く？」「買い物に行く？」「カラオケに行く？」「ゲームに行く？」「ボウリングに行く？」となって、あなたのお店を選択肢として思い出してくれるかどうか。

選択肢に残れば、可能性は出てきます。

選択肢に入っていないと、お客様は来てくれません。

選択肢に入っていないものは検討の余地がありません。

1度行って感じの悪かったお店は、選択肢からはずれています。

「あのお店に行こうか」と言った時に「あそこ、雰囲気が暗い」「それはない」「ムリムリ」と選択肢からはずれてしまったら負けです。

モテるタイプの男性は、選択肢に残るから強い。

選択肢の中で最下位でもいいから、とにかく予選に勝ち残りましょう。

最下位でも候補に残っているか、ギリギリで候補からはずれているかの差は大きいのです。

明日のためにその㉝

お客様の選択肢に入ろう。

お客様は、自分のお店だけに来て帰るわけではない。

選択肢に残るために「ぜひうちのお店だけに来て下さい」とは考えないことです。

お客様は、家から出て、そのお店だけに行って、家に帰る、という行動形態ではありません。

お客様は、帰りにごはんを食べたり、飲みに行ったり、カラオケに行ったり、いろいろなことをします。

ショッピングモールの強さは、お客様が回遊できるようにお店のバリエーションがそろっていることです。

あなたのお店と周辺のお店で、水族館の魚のようにぐるぐるまわってもらうコースができ上がるようにしましょう。

ともすれば間違ってしまうのは、お客様に「うちに来て、そのあとは家に帰って下さい」と放り出してしまうことです。
近所にごはんを食べに行ったり、飲みに行ったり、カラオケをしたあとで、また自分のお店にもどってもらえるようなサービスやしくみを考えればいいのです。

明日のためにその㉞

お客様から、ほかのお店の話も聞こう。

ニーズとは、苦情である。

「お客様にサービスをするアイデアは、何かないですか」と言う人がいます。
サービスのアイデアをわざわざ考える必要はありません。
サービス業では日々、苦情が来ます。
苦情とサービスはかけ離れてイメージされていることが多い。
でも、ニーズとは苦情のことです。
「今日どんな苦情が出たの？」と苦情を集めてみましょう。
苦情を解決していけば、それがサービスになります。
サービスは、本を読んだり、ウンウンうなって考える必要はないのです。
苦情はお客様から出てきます。
苦情を解決すれば、お客様に感謝されるという流れになります。

この流れでぐるぐるまわしていけばいいのです。

苦情と感謝は距離が遠いイメージがあります。

プラスとマイナスというイメージです。

そこで、苦情はサービスの一部だと考えて下さい。

スタートラインです。

苦情が出てくれたおかげでサービスをすることができます。

苦情の出ないほうが、サービスを考えるのはむずかしい。

よく「ニーズにこたえる」と言いますが、最初のニーズは必ず苦情という形でやってきます。

「すみません。こういうのをぜひやって下さい」というきれいな言い方でニーズは挙がってきません。

ニーズが挙がってくる時は、「これどうなっているの」「なんでこうなっているの」「なんでこれできないの」という苦情の形です。

「文句《もんく》を言われた」「イヤなことを言われた」のように、苦情というせっかくのチャンスを握りつぶしてしまうと、解決どころかサービスや感謝につながりません。

サービス業は、〝苦情処理業〟のような世界です。

苦情を100個も言われているからレベルが低いのではありません。

今までよく言われた苦情を10個書き上げられる人より、100個書き上げられる人のほうがレベルは高い。

「どういうことに苦情が出るだろう」「これ、苦情になるぞ」ということがわかるからです。

たとえば、ホテルの廊下を歩いていても「こういうところに苦情が出そうだな」と感じられる力が大切です。

お客様から苦情をもらう前に苦情の原因を感じられたら、日々のサービスは向上します。

苦情をイヤなものだと感じていると、いつまでたっても苦情という財産を手に入れることができません。

苦情に打たれ強くなることが大切なのです。

明日のためにその㉟

苦情を集めよう。

サービス業ではなく、情熱業だ。

私はサービスの本を書いてきましたが、ボウリングを始めるようになってメンタルトレーニングの本もたくさん書くようになりました。

でも、サービスの本とメンタルトレーニングの本は、別の世界のように見えます。

サービス精神は、メンタル力に尽きます。

お客様から苦情を言われた時に、対応しきれずに倒れてしまったらそれで終わりです。

お客様が倒れそうになってもたれかかっているのに、自分も倒れたら、共倒れになってしまいます。

船が斜めに傾いた時でも、もとに戻す復原力があります。

その復原力が、サービス業でも大切です。

サービスマンは、日々修行しているようなものです。
この点において、サービス業は情熱業です。
情熱に尽きます。
「これでいいんじゃないの」というところで妥協しない。
妥協したいところで、「もう1ミリ頑張ってみようか」というのが情熱です。
現実と理想の間にあるのは、情熱なのです。

明日のためにその㊱

情熱を形にして、買ってもらおう。

守備範囲を広くする。

お客様の表情を見ることがサービスの第1歩です。

多くの人は、顔は見ても表情まで見ていません。

「○○さんが来た」と知っている人が来ても、その日によってお客様の気分は違います。

名前がわからなくても表情を見れば、自分のするべきことがわかります。

何かを探している人は、ぶらぶら歩いている人とは違う表情をしています。

不思議なことに、ホテルならフロントのまわりできょろきょろしているお客様ほどスタッフから声をかけてもらえません。

用のあるお客様が自分からフロントに声をかけるものだという思い込みがあるからです。

お客様がよく通るところなのに、通っている人に無関心になりやすいのです。

あまりにも人が通っているので、お客様だと感じられなくなっているのがフロントという場所です。

ホテルのフロントでは、キーやお金をやりとりしたり、書類への記入といったやりとりをします。

そうなるとフロントマンの目線はカウンターの上に限定されます。

用事のあるお客様が集まってくる場所は危険なのです。

フロントの前には、声をかけないで素通りするお客様がたくさんいます。

そのお客様と目線がどれだけ合うかです。

別の言い方をすると、自分の守備範囲はどこまでかです。

たとえば、カップルのお客様で男性が料金を払いました。

守備範囲の狭い人は、お金を払った男性にだけ「どうもありがとうございました」と言います。

一緒にいた連れの女性は見ていません。

守備範囲の広い人は、後ろにいる連れの女性にも「どうもありがとうございました」と声をかけます。

この違いは大きい。

サービス業では、お金を払った人にだけ「ありがとうございました」と言ってしまいがちです。

それは、人に対してではなくお金に言っているだけです。

サービスは人間にします。

その時、自分が相手をした人、お金を払った人だけがお客様ではありません。

「そこへ行こう」と言ってくれたのは、カップルでいえば女性です。

「あのお店に行こうか」と言い出したのは男性でも、「行く行く」と決定したのは女性です。

女性はレジには来ないことが多い。

これはカップルだけではありません。

団体さんが来た時に、ぞろぞろと帰る人は無視して、支払いをした人だけに「ありがとうございました」と言う人がいます。

守備範囲を広くして遠くにいる人とも目線を合わせることが大切なのです。

明日のためにその㊲

バックアップの範囲を、広げよう。

レジを避けて帰られたら、サービスマンの負け。

レジの前に大きな柱があるとします。

レジの前を通ることも、柱の外側を通ることもできます。

お客様がどちらを通って帰るのか、気をつけて観察してみましょう。

柱の外側を通って帰られるお店は、お客様はそのお店のファンにはなっていません。

できるだけ顔を合わせないで、ラブホテルのようにこっそり抜けて帰りたいお店は、快適ではないのです。

本当に快適だったら、柱を挟《はさ》んで2つのルートがあっても、必ずレジ側の通路を通ってレジの人に「明日また来ます」「さようなら」「ありがとう」と言って帰ります。

大阪の人は、自分がお客様でも「ありがとう」と言って帰ります。

大阪のお客様で「ありがとう」と言って帰らなかったら、楽しくなかったということです。

東京の場合は、帰る時にお客様が「ありがとう」と言う習慣はあまりありません。

レジのそばにいても、店員さんが広い視野を持てば「あそこで何か困っているよ」「手を挙げていないけど、こっちを見ている」と気づけます。

お客様は、恥ずかしいからなかなか手を挙げることができません。

でも、レジのほうを見ているということは、何かで困っているのです。

それに早く気づいてあげられるかどうか。

声を出して呼ばれたり、お客様がレジまで走ってきて言わなければいけないようでは、レジ担当者の守備範囲が狭《せま》すぎます。

こちらから「何かお探しですか」と声をかけられるように、気配りをすることが大切です。

明日のためにその㊳

用がない時に、そばに寄ってもらおう。

お客様は、2回目でキレる。

商品によっては、レジで身分証明書を提示して年齢を確認したうえで販売する場合があります。

この時、レジでトラブルが起こりがちです。

「なんでそんな面倒くさいことをしなければいけないのか」ともめごとになったりします。

身分証明書を出してもらうという手間《てま》をわずらわせるのは大変なことです。

身分証明書を出してもらうこと自体がトラブルの原因ではありません。

その時にいい感じがするかしないかは、それ以前に起こったこととの問題です。

身分証明書を出してもらう前に、お客様がお店や店員さんに対して不満な点を感じていると、「身分証明書を出して下さい」と言われた時にプチッとキレるのです。

お客様は1回目ではキレません。

お客様がキレるのは2回目です。

たとえば、行列している時に「もう少々お待ち下さい。ただいま……」と声をかけておいて、「どうもお待たせしました」と言うならOKです。

長々と待たせておきながら声もかけずにいると、温度が沸点に近づいていきます。

そのお客様に「身分証明書を」と言うとブチッとキレてしまうのです。

「身分証明書の提示をお願いします」という言い方のニュアンスでも印象が違います。

「すみません。お手数かけますけれども、身分証明書をお願いします。条例が変わりまして」のように、「お手数かけますが」という気持ちがその言葉に入っているかどうかです。

「条例で決まっていて仕方ないんです。こっちも面倒くさいのに……」という気持ちだと、お客様にも伝わります。

確認という面倒くささが発生しても、深夜の不良客が減れば、メリット・デメリットは相殺《そうさい》されると考えましょう。

明日のためにその㊴

お客様がキレる「本当の原因」に、気づこう。

優良客を増やせば、不良客は減る。

お店には、あまり来てほしくない「不良客」もいるはずです。
不良客の来店を断ることはできません。
１００人のお客様のうち不良客が10人いたとします。
10人の不良客を減らすことには、エネルギーがかかりすぎます。
不良客に対しては、優良客を育てていくことで対抗しましょう。
そうすると、不良客はそこへ来なくなります。
不良客が増え始めた店は、ますます増え続けます。
「ここは居心地《いごこち》のいい場所だ」と思うからです。
不良客を減らしていく作戦を考えるのはやめましょう。
疲れるだけで楽しくありません。

でも、戦略は立てられます。

優良客を1人でも多くつくればいいのです。

それは、自分のファンをつくっていくことと同じです。

そのファンが不良客を追い出してくれます。

不良客が居づらい雰囲気になります。

不良客の態度が悪ければ、「君ら、そんなことをしたらダメだよ」「危ないよ」「ちゃんとしなさい」とお客様が言ってくれるかもしれません。

お店の人に言われるよりも、ほかのお客様に言われるほうが角《かど》が立ちません。

不良客も必ず行きつけの店を持っています。

自分たちが騒いでも大丈夫な場所で騒ごうとします。

「ここは騒ぎにくい」という場所には行きません。

判断力があるのです。

「ここは騒いでも大丈夫」という評判が立ってしまうと、どんどん不良客が集まります。

そうなると、不良客に優良客が追い出されます。

だから、不良客が優良客に追い出されるような雰囲気が大切です。

どんなに態度の悪いお客様がいても「私はこのスタッフのファンだから」という店舗からはお客様は移動しません。

「自分の行きつけのお店だから」という意識が強いのです。

不良客を減らすのではなく、優良客を増やすという発想が大切です。

不良客を1人減らしても、また別の不良客が来ます。

次から次へとわいてきます。

不良客は「自分たちが暴れても、このお店は誰にも注意されない」という安心感があるところに行きます。

だからといって見逃していいわけではありません。

ここではくじけないで、「すみませんけれど、ほかのお客様にご迷惑がかかりますし、けがをなさいますので危ないからやめて下さい」と言いましょう。

「客に対してなんだ」と言われた時でも、「あの店員さんの言うとおりだ」と優良客の視線が味方になってくれます。

これはホームページをつくる時でも同じです。

掲示板には掲示板荒らしが必ず来ます。

掲示板荒らしを追い出してくれるのは、いつも掲示板を利用しているいいお客様です。

小さなスナックもそうです。

スナックに態度の悪い人が入ってきた時に、「楽しく飲まないとダメだよ」「マナー守って飲まないといけないよ」と注意してくれるのは常連客なのです。

明日のためにその㊵

不良客を減らすより、優良客を増やそう。

「自分のミス」は、サービスをするチャンス。

「予約したのに予約が入っていない」ということが起こると、「誰が受けたんだ」という話になります。

犯人探しです。

犯人がわかったら厳重注意かペナルティ、あるいは罰則《ばっそく》でトイレ掃除という話になっていきます。

そんなことをやってもお客様は喜びません。

予約の入力ミスは起こるという前提で対応しましょう。

ミスのないサービスはありえません。

失敗が起きたら、

①情報を共有する

②システムを変える

という2つのことをやります。

①は、「団体のお客様の予約で入力ミスが起こりました。原因は○○です」という情報をスタッフ全員で共有することです。

②は、同じようなミスが起こらないように人を入れかえるのではなく、予約の仕方、チェックの仕方のシステムを変えることです。

やってはいけないことは犯人探しです。

入力ミスした人が悪いのではありません。

ミスが起こったということは、ミスが起こりやすいシステムになっていたのです。

どんな人間も完璧《かんぺき》ではありません。

どんなに優秀な人でも疲れている時や忙しい時があります。

人間がやっているのだから、ミスは起こって当たり前です。

機械がやっていてもミスは起こります。

お客様に対しては、

①代替案
②埋め合わせ

この2つを考えましょう。

①は、「大変申し訳ございません」と言って、さらに「こんな形でどうでしょうか」という提案です。

②は、お客様が「ミスしてくれてありがとう」と思うような埋め合わせのサービスです。

入力ミスがあっても「そのかわりこういう形でできます」「こういうことをさせてもらえませんか」と提案をすることで、お客様にとっては「最初の予定とはちょっと違うけど、こういうサービスをもらえたから結果オーライ」となります。

ミスを口実にもっとすごいスペシャルサービスができるようになるのです。

結果として「ミスしてくれてありがとう」「そこまで気を使ってもらって悪かったね」とお客様に感じてもらえれば勝ちです。

ミスはそういうチャンスです。

ここは頭を使わなければなりません。
ミスが起こったおかげで頭が使えます。
システム自体を変えることにも頭を使えるのです。

明日のためにその㊶

ミスを口実に、スペシャルサービスをしよう。

「△」が、サービスになる。

「埋め合わせは何にしよう」「お金はそんなにかけられないけど何ができるだろうか」と頭をまわすのがサービスです。

マニュアルを見ても答えは書いてありません。

人によって、やることは違います。

違って当たり前です。

代替案を持っていっても「それはちょっと」と言われることもあります。

これで引き下がるのではありません。

代替案1、代替案2、代替案3……と、次の手をどんどん出します。

「そうしたらこうさせてもらいます」「これでどうでしょうか」……と、相手が「ダメ」「ダメ」と言っても代替案を出し続け、「それだったら」と言われるところまでくじけないことです。

これが本当のサービスです。

サービスをする側はくじけずに代替案を出して、最後にはお客様にくじけてもらうのです。

正解はどこにもありません。

正解を出そうと思ったら、「○」か「×」です。

サービスは「○」か「×」かではありません。

サービスはすべて仮説です。

うまくいかなければ、かわりのものを出す。

野球なら三振したらアウトです。

でも、ファウルは何回やっても三振にはなりません。

「○」でも「×」でもなくて「△」。

ファウルでもいいからひたすらバットに当てて粘ることが、サービスにおいての代替案なのです。

明日のためにその㊷

「○」でも「×」でもない、「△」のサービスをしよう。

お客様が意見を言いやすい聞き方をする。

ゲームセンターに来る人の中には、普通の人もいればゲームオタクの人もいます。

今のゲーム機は高性能です。

昔の機械式のゲームなら壊れたらすぐにわかります。

コンピュータのゲームは、壊れたか壊れていないかわかりにくいのがメンテナンスの大変なところです。

お客様から「これ、おかしいんじゃないですか」「壊れていますよ」と言われたらクレームです。

お店のスタッフから「機械の調子はどうですか」と聞いて、お客様から「これ、ちょっと壊れているんじゃないかな」と言われたら、クレームではなく提

案です。

スタッフのやる仕事をお客様がやってくれたということです。

給料を払わなくてもいいスタッフですから、これは大歓迎です。

とくに常連客は、給料を払っていないのにスタッフとして活躍してくれる場合があります。

そうなったほうが、常連のお客様はよけいに喜びます。

お客様は、自分の腕が悪いだけなのに、「今日の機械のコンディションはどうなっているの」「メンテがなっていない」とお店のせいにして帰る習性があります。

その時も、スタッフはムッとしないで「今日のコンディションはどうですか」と聞いて、「なんか調子がおかしいね」と言ってもらえばいいのです。

スタッフから聞いて、お客様から返ってくる言葉は、クレームにはならず、ただ吐《は》き出すだけで解決します。

これほどラクなことはありません。

明日のためにその㊸

お客様をスタッフだと思って、話しかけよう。

「おいしいですか」より、「何かお気づきの点を教えて下さい」。

レストランで「おいしかったですか」「お味のほうはいかがですか」と聞くところがあります。

「おいしいですか」と言われたら、「おいしいです」としか返事のしようがありません。

「今日出したお料理で何かご意見があったら教えて下さい」と聞かれると、「量がちょっと多いよね」と具体的な意見が言えます。

「おいしかったですか」というのは質問になっていません。

これはホテルに多いパターンです。

「ゆっくりお休みになれましたか」と、正解を出して聞いてしまいます。

そう言われたら「はい」としか答えようがありません。

「○○の音が気になって寝られなかった」とは言えません。
「何かお気づきになられたことはありますか」と聞くと、「冷蔵庫の音がちょっとうるさかったね」と意見を言えます。

お客様に聞くのが一番いい。

「何かご意見はありますか」「何か気づいたことはありますか」「今日の調子はどうですか」のように、お客様が言いやすいように振ってあげることが大切なのです。

明日のためにその㊹

お客様に、気づいたことを教えてもらおう。

クレームを言うお客様は、リピーターになる。

関西人のオバチャンはコミュニケーションの達人です。

「こんな商売したらつぶれるで」とすぐ言ってくれます。

お店の側になって、気づいたことを聞かなくてもたくさん言ってくれるし、後腐《あとくさ》れがありません。

飛行機の中でもクレームを言うお客様がいます。

関西人のお客様は「こんなことをしているから、○○社のサービスに負けてるんやで」と言ってくれます。

一方で東京のビジネスマンのお客様は一番困ります。

その場では知らん顔をして「こんなひどい目にあった」というレターだけを送ってきます。

発覚するのが遅れるほど、被害者が増えて大騒ぎになります。

その場で「何かお気づきの点はありますか」と聞いていたら、もっと早く解決していたのかもしれません。

すべてのお客様がコミュニケーションが得意とはかぎりません。

たまたまお客様から「ここ壊れているんじゃないの」と言われたら、その人を、「給料を払わなくてもすむどころか、お金まで払ってくれるスタッフ」と考えましょう。

メンテナンスをやってもらう一種の裏方さんです。

マニアの人は、意見を求められると、「自分が指導してやっている」「いろいろアドバイスしているんだ」とうれしくなります。

そうすると、「今日の調子を見に来ようかな」というつもりでまたお店に来てくれます。

常連のお客様は、お金を払いながら、働く側にまわりたくなります。

手伝ってもらわない手はありません。

明日のためにその㊺

「クレームを言うお客様」を、大切にしよう。

お客様は、サービスマンより、サービスマンだ。

ゲームオタクにかぎらず、今のお客様は昔のお客様に比べてはるかにコミュニケーションが苦手《にがて》になっています。

とくに携帯電話が普及するとコミュニケーションは必ず苦手になります。

昔は、女性の家に電話をかけるとたいてい親が出ました。

父親が出た日には大変です。

「○○さんはいらっしゃいますか」「いない」「何時ごろお帰りですか」「知らん」「中谷と言いますけれども、電話があったことを伝えて下さい」となったあたりで切られてしまいます。

そういう人と話をしなければいけなかった時代に私は育っているので、コミュニケーション能力は必然的に身につきました。

今は携帯電話で、誰からかかってきたかを言わなくてもわかる時代です。

今はコミュニケーションの苦手なお客様が多いですが、むしろお客様はコミュニケーションを求めています。

お店の側としては「何かご意見ありませんか」「何かあったら教えて下さい」のように声をかけることで、お客様を上手に使っているのです。

「意見を言われるより、意見を求められたほうがうれしい」というお客様の心理をついています。

これがサービスです。

意見を言ったりアドバイスを言ってくれたお客様は、必ずもう1回そのお店に来ます。

クレームを言ったお客様は必ずリピーターになります。

自分が言ったことが直っているかどうかを確認しに来るのです。

クレームは、たくさん言われたほうがいい。

「よくお休みになられましたか」のようにいいことを前提に聞くのではなく、「何か辛口《からくち》なコメントをお願いします」とアドバイスを求めましょう。

明日のためにその㊻

お客様から、アイデアをもらおう。

1日に100人のお客様が来たら、100のアイデアが返ってきます。

お客様は何か言ってくれます。

「あそこの蛍光灯が切れてました」というだけでもありがたいことです。

スタッフが見まわりをして見つけなければいけないことに、気づいてくれたのです。

お客様は、スタッフの気づかないことに気づいてくれるのです。

赤ちゃんへのサービスが、お母さんへのサービスになる。

お店で赤ちゃんが泣いていても、赤ちゃんに怒るわけにはいきません。

「こんなところへあんな子を連れてくるなよ」「おばあちゃんに預けてきたらいいのに」と思う人もいます。

その次には、「ほうっておくなよ、店も」とお店に対してのクレームになります。

その時に「こんなお客様が来てしまった」ではなく、「赤ちゃんが泣いている時にどうしたらいいだろう」と自分の家族に置きかえて考えてみましょう。

ホテルの高級レストランでは、子供が騒いだり走りまわって、高級なレストランに似つかわしくない事態が起こった時は、たいていジュースをサービスで持っていきます。

そうすると、子供はおとなしくなります。

注意するという方法では解決できません。注意しないで、問題を解決してあげるのです。

泣いているのには理由があります。

赤ちゃんが泣くのは、おなかがすいている時が多い。

お客様が怒る時も、おなかがすいていることが多いのです。

怒っているお客様は、問題やトラブルをかかえています。

それを解決してあげることが大切です。

お店の側は「すみません、静かにして下さい」と言いがちです。

泣いている子の母親に「すみません、赤ちゃんを静かにさせて下さい」と言ったら、2度と来てもらえません。

「あんた子供いないでしょう」「私だって泣かそうと思って泣かしているんじゃない。2度と来ないわ」となってしまいます。

1歳ぐらいの子なら、「この子も将来、うちのお客様になるんだ。この子に何かサービスをしておこう」という目で見ればいいのです。

その時に自分の家族と照らし合わせて、「うちの子は2カ月だけど、ミルクを哺乳瓶《ほにゅうびん》に入れる時にお湯があったほうがいいかな。お湯ならいくらでもあるから持ってこようかな」と考えます。

「ミルクのお湯、持ってきましょうか」「大丈夫です。おむつがぬれていただけでした」と、見当がはずれてもいいのです。

「お湯を持ってきましょうか」という一言があるだけ、お母さんの気持ちはなごみます。

赤ちゃんが泣き続けることはありません。

泣くのはエネルギーがいるので疲れます。

赤ちゃんにサービスできれば、すべてのお客様にサービスできるのです。

明日のために その47

赤ちゃんにサービスをしよう。

赤ちゃんも、未来のお客様。

赤ちゃんは、悲しくて泣いているのではありません。

何か訴《うった》えたいことがあるのです。

「おなかがすいた。ミルクをちょうだい」「おむつが気持ち悪い」と言えないから泣いているのです。

あらゆるクレームは、赤ちゃんが泣いているのと同じです。

クレームを言われたら、「赤ちゃんが泣いているんだな」という気持ちで聞きましょう。

「ミルクが足りないのかな。お湯をお持ちしましょうか」のように考えるのがクレームに対する接し方です。

1歳の子でも、5歳の子でも、10歳の子でも、「将来的には自分のファンにしていくぞ」という気持ちで接していけばいいのです。

「すみません。やめて下さい」と言ってしまうと、そこで終わります。

「泣かさないで下さい」とお母さんを責め立てるのではありません。

自分が10年後も20年後も働いていると仮定して、未来のお客様をつくることを考えればいいのです。

明日のためにその㊽

10年後のお客様に、今、サービスをしよう。

お客様から教えてもらう。

お客様から質問されることで、わからないことはたくさんあります。

なかには、本当はお客様のほうが詳しいのに、自分の知識を聞いてほしくて質問してくることがあります。

オタクの世界で集めてきた知識を聞いてもらえる場が欲しいのです。

「これこれこうこうで……、これでいいんでしょうか」という話を聞いてあげることも大切です。

知識のひけらかしではなく、本当にそのことが聞きたくて質問をされた時でも、お客様は決して正解を求めているわけではありません。

「わかりません」で切り捨ててしまうとクレームになります。

「説明書がたしかあったと思うので、裏に行って探してきます」「これですね、こういうふうに書いてありますけど、どうでしょうか」と、自分がオーダーされたことについて、何か具体的に前向きに行動していることを見せるのがサービスです。

解決することがサービスではありません。

解決に向かって具体的な行動をしているということを見てもらうのです。

最後に「ありがとうございました。勉強になりました」と、お店の側から言われると、お客様は「勉強させてやった」という満足感を持ちます。

「こういうことでよろしかったでしょうか」で終わりにするのではなく、「勉強になりました」という一言まで言えるかどうか。

「勉強になりました」と言えるのは、本当はかなり詳しい人です。

銀座や六本木にある高級レストランに行くと、8時台は、クラブの同伴のお客様が多いです。

客単価の高いレストランに来るような男性は、女性にいいところを見せようと思ってうんちくを語ります。

お店の人はそれに勝とうとしたり、間違いを指摘しないことです。

「そうなんですか。なるほど。ありがとうございます」「勉強になりました」と聞いてあげましょう。

聞いたことが当たっていようが間違っていようが、「この間こういうことをお客様から教わりました」とよそへ行って話すことができます。

自分1人で勉強するだけでなく、お客様からも教わればいいのです。お客様に教えるという姿勢ではなく、お客様から教わるという姿勢をしたほうが、お客様により満足してもらえます。

サービスはお客様の上に立ってする仕事ではありません。対等に立ち、「勉強になりました。また教えて下さい」「詳しいですね」と、お客様から教えてもらいます。

そうすれば、お客様からわからないことを聞かれても、一緒に考える。解決のために何か動く、最後は教えてもらうという形でノウハウが蓄積されます。

ミーティングの場をとらなくても、トイレや廊下ですれ違ってちょっと顔を合わせた時に、「さっき、こんなことがありました」と話すことはできます。

面白いトラブル、面白いミス、面白い苦情があった時や、「こういうことでほめられた」といういい話をスタッフ同士で共有することも大切なのです。

明日のためにその㊾

解決しようとして具体的にしている姿を、見せよう。

あとがき

お客様より、サービスマン自身が、サービスに感動する。

相手がうれしいと思ってくれたら、サービスをする側の自分のモチベーションはもっと上がります。

お客様にほめられることもうれしいですが、その前にうれしいと思っていることが伝わってきたら、それで元気が出ます。

これがサービス業の楽しみです。

1回やったらハマってしまうでしょう。

うれしいと感じたお客様もハマります。

片方がハマって、片方がハマらないということはありません。

サービスマンがハマって、お客様がハマっていないというのは自己満足です。

「ありがとうございました。おいしかったです。また来ます」と言ってもらえたら、自信につながります。

サービスマンは1回ハマると、次から次へと新しいサービスをしたくなるのです。

明日のために その㊿
ほめられなくても、自分が満足できるサービスをしよう。

[著者]
中谷　彰宏（なかたに・あきひろ）
1959年４月14日、大阪府堺市生まれ。早稲田大学第一文学部演劇科卒。博報堂で８年間CMプランナーの後、株式会社中谷彰宏事務所設立。

感想など、あなたからのお手紙をお待ちしています。
一生懸命読みます（中谷彰宏）。

〒150-8409 東京都渋谷区神宮前6-12-17
ダイヤモンド社 出版局第３編集部気付　中谷彰宏 行
※食品、現金、切手などの同封は、ご遠慮ください（編集部）

EYE LOVE EYE
視覚障害その他の理由で活字のままでこの本を利用できない人のために、営利を目的とする場合を除き「録音図書」「点字図書」「拡大写本」等の製作をすることを認めます。その際は著作権者、または、出版社まで御連絡ください。

中谷彰宏は、盲導犬育成事業に賛同し、この本の印税の一部を㈶日本盲導犬協会に寄付しています。

バーコードの読み取りに対応したカメラ付き携帯電話で右のマークを読み取ると中谷彰宏ホームページのモバイル版にアクセスできます。対応機種・操作方法は取り扱い説明書をご覧ください。

お客様を育てるサービス

2006年８月３日　第１刷発行

著　者――中谷彰宏
発行所――ダイヤモンド社
〒150-8409　東京都渋谷区神宮前6-12-17
http://www.diamond.co.jp/
電話／03・5778・7236（編集）　03・5778・7240（販売）
装丁――清水良洋（Malpu Design）
製作進行――ダイヤモンド・グラフィック社
印刷・製本―ベクトル印刷
編集担当――名久井範章

ISBN 4-478-70354-X

恋愛論・人生論

【TBSブリタニカ】
『子供を自立させる55の方法』
『子供は、ガンコな親を求めている』
『親を教育する62の方法』
『道楽のススメ』
『顰蹙のススメ』
『煩悩のススメ』

【海竜社】
『一日を長く生きる人が成功する』
『自分の才能に気づく55の方法』
『幸せは「ありがとう」の中にある。』
『挨拶の数だけ、幸せになれる。』

【主婦の友社】
『3分でオーラが出た〜紳士編〜』
『3分でオーラが出た〜淑女編〜』
『運に愛されるトライ美人』
『「黄金の女性」になるマジック・ノート』
『ハッピーな女性の「恋愛力」』
『君はダイヤモンド。傷つきながら、輝いていく。』
『なぜあの人には、センスがあるのか。』

【ゴマブックス】
『「つり橋が、落ちないように、渡ろう。」』
『「あれ、なんで泣いてたんだっけ？」』
『「一生懸命、適当に。』
『「幸運は、君が運んでくる。」』
『「いい男といると、元気になれる。』
『「直球ですが、好きです。」』
『「ノー・プロブレムです。」』
『「最近、何かムチャなコトした？」』
『「トイレで笑ってる、君が好き。』
『「人生の袋とじ」を開けよう。』
『「特別な人が、君を待っている。」』
『君は、夢の通りに歩いていける。」』

『いい男をつかまえる恋愛会話力』（阪急コミュニケーションズ）
『魔法使いが教えてくれる結婚する人に贈る言葉』（グラフ社）
『魔法使いが教えてくれる愛されるメール』（グラフ社）
『和田一夫さんに「元気な人生」を教えてもらう』（中経出版）
『壁に当たるのは気モチイイ　人生もエッチも』（サンクチュアリ出版）
『キスに始まり、キスに終わる。』（KKロングセラーズ）
『カッコイイ女の条件』（総合法令出版）
『恋愛女王』（総合法令出版）
『本当の生きる力をつける本』（幻冬舎）
『あなたが変わる自分アピール術』（幻冬舎）
『遊び上手が成功する』（廣済堂文庫）
『元気な心と体で成功をよびこむ』（廣済堂文庫）
『成功する人しない人』（廣済堂文庫）
『女々しい男で　いいじゃないか』（メディアファクトリー）
『なぜあの人はタフなのか』（東洋経済新報社）
『なぜあの人は強いのか』（東洋経済新報社）
書画集『会う人みんな神さま』（DHC）
ポストカード『会う人みんな神さま』（DHC）
『自分がブランドになる』（PARCO出版）
『なぜあの人には気品があるのか』（徳間書店）
『ここ一番にリラックスする50の方法』（徳間書店）
『抱擁力』（経済界）
『贅沢なキスをしよう。』（文芸社）
『SHIHOスタイル』（ソニー・マガジンズ）
『「お金と才能」がない人ほど、成功する52の方法』（リヨン社）
『「お金持ちの時間術」』（リヨン社）
『ツキを呼ぶ53の方法』（リヨン社）

面接の達人（ダイヤモンド社）
『面接の達人　バイブル版』
『面接の達人　自己分析・エントリーシート編』
『面接の達人　電話のかけ方　手紙の書き方』
『面接の達人　女子学生版』
『面接の達人　問題集男子編』
『面接の達人　問題集女子編』
『ビデオ面接の達人』
『ビデオ面接の達人塾』
『面接の達人　転職版』
『面接の達人　転職問題集／自己分析・経歴書編』

小説

【読売新聞社】
『恋愛小説』『恋愛日記』『恋愛旅行』
『恋愛美人』『恋愛運命』

『いい女だからワルを愛する』（青春出版社）

ビジネス

『本当の自分に出会える101の言葉』【オーディオブック】(オーディオブックジャパン)
『子どもの一生を決める46の言葉のプレゼント』(リヨン社)

【Visionet】
『BIG interview 中谷彰宏の成功学 人生を豊かにする5つの力』

恋愛論・人生論

【ダイヤモンド社】
『明日がワクワクする50の方法』
『なぜあの人は10歳若く見えるのか』
『テンションを上げる45の方法』
『大人のスピード勉強法』【軽装版】
『成功体質になる50の方法』
『運のいい人に好かれる50の方法』
『本番力を高める57の方法』
『運が開ける勉強法』
『ラスト3分に強くなる50の方法』
『できる人ほど、よく眠る』
『答えは、自分の中にある。』
『思い出した夢は、実現する。』
『習い事で生まれかわる42の方法』
『30代で差がつく50の勉強法』
『面白くなければカッコよくない』
『たった一言で生まれ変わる』
『なぜあの人は集中力があるのか』
『なぜあの人は人の心が読めるのか』
『健康になる家　病気になる家』
『泥棒がねらう家　泥棒が避ける家』
『スピード自己実現』
『スピード開運術』
『破壊から始めよう』
『失敗を楽しもう』
『免疫力を高める84の方法』
『20代自分らしく生きる45の方法』
『ケンカに勝つ60の方法』
『受験の達人』
『お金は使えば使うほど増える』
『自分のためにもっとお金を使おう』
『ピンチを楽しもう』
『本当の自分に出会える101の言葉』
『大人になる前にしなければならない50のこと』
『自分で思うほどダメじゃない』
『人を許すことで人は許される』
『人は短所で愛される』
『会社で教えてくれない50のこと』
『学校で教えてくれない50のこと』
『あなたは人生に愛されている』
『あなたの出会いはすべて正しい』
『頑張りすぎないほうが成功する』
『大学時代しなければならない50のこと』
『大学時代出会わなければならない50人』
『口説く言葉は5文字まで』
『昨日までの自分に別れを告げる』

恋愛論・人生論

『人生は成功するようにできている』
『あなたに起こることはすべて正しい』
『不器用な人ほど成功する』

【PHP研究所】
『運を味方にする選択』
『たった3分で愛される人になる』
『すぐに使えるマナー心理テスト』
『これから、いつも、一緒だよ。大切な人と別れる時に』
『きっと強運になる達人ノート』
『たった3分で見ちがえる人になる』
『何もいいことがなかった日に読む本』

【PHP文庫】
『明日は、もっとうまくいく。』
『何もいいことがなかった日に読む本』
『なぜ彼女に「気品」を感じるのか』
『なぜあの人は「困った人」とつきあえるのか』
『右脳で行動できる人が成功する』
『笑われた人が、ヒーローになれる』
『出会いにひとつのムダもない』
『今したいことを、今しよう。』
『人生の億万長者になろう。』
『本当の自分に出会える101の言葉』
『大人の友達と遊ぼう。』
『恋の奇跡のおこし方』
『なぜ、あの人は「存在感」があるのか』
『自分で考える人が成功する』
『人は短所で愛される』
『大人の友達を作ろう。』
『スピード人間が成功する』
『朝に生まれ変わる50の方法』
『知的な女性は、スタイルがいい』
『強運になれる50の小さな習慣』
『「大人の女」のマナー』
『生き直すための50の小さな習慣』
『運命を変える50の小さな習慣』
『大学時代しなければならない50のこと』
『運が開ける3行ハガキ』
『気がきく人になる心理テスト』
『なぜ彼女にオーラを感じるのか』

【三笠書房】
『3分で気持ちの整理ができた』
『3分で金運がついた。』
『3分でフェロモンが出た。』
『こんな女性と恋をしたい』
『29歳からの「一人時間」の楽しみかた』
『25歳からの「いい女」の時間割』
『だから君といるとハッピーになる』
『僕が君に魅かれる理由』
『運命の人(ソウルメイト)と結婚するために』

【三笠書房・知的生きかた文庫/王様文庫】
『25歳からの「いい女」の時間割』
『テリー&中谷の人生のツボ』
『占いで運命を変えることができる』
『中谷彰宏の「気持ちのいい恋」25のヒント

『想いは、かなう』
『僕が君に魅かれる理由』
『3分で右脳が目覚めた。』
『運命の人(ソウルメイト)と結婚するために』
『「時間」のお金持ちになる本』
『人間関係に強くなる50のヒント』
『背中を押してくれる50のヒント』
『お金で苦労する人しない人』
『気持ちが楽になる50のヒント』
『前向きになれる50のヒント』
『自分の魅力に気づく50のヒント』

【説話社】
『あなたにはツキがある』
『占いで運命を変えることができる』

【大和書房】
『大人の男を口説く方法』
『ちょっとした工夫で、人生は変わる。』
『1週間で「新しい自分」になる』
『知的な男は、モテる。』
『「大人の男」に愛される恋愛マナー』
『「欲しい」と言われる男になるMUST50』
『女性から口説く101の恋愛会話』
『「秘密の恋」でいい女になる50の方法』
『「いい女」とつきあっている男の小さな習慣』
『もっと奥まで、つきあおう。』
『死ぬまでにしなければならない101のH』
『「女を楽しませる」ことが男の最高の仕事。』
『自分から、抱きしめよう。』
『男は女で修行する。』
『二人で「いけないこと」をしよう。』
『口説かれる自信を、持とう。』
『危ない男と、つきあおう。』
『尊敬できる男と、しよう。』

【KKベストセラーズ】
『「運命の3分」で、成功する。』
『チャンスは目の前にある』
『30歳からの男の修行』
『誰も教えてくれなかった大人のルール恋愛編』
『誰も教えてくれなかった大人のルール』
『「ほめる」「あやまる」「感謝する」ですべてうまく行く』
『オンリーワンになる勉強法』
『君をつらぬこう。』
『眠れない夜の数だけ君はキレイになる』
『一流の遊び人が成功する』

【ぜんにち出版】
『ワルの作法』
『モテるオヤジの作法2』
『かわいげのある女』
『モテるオヤジの作法』

【イースト・プレス】
『「男を口説ける男」が、女にモテる。』
『安倍晴明に学ぶ33の魔術』
『だから好き、なのに愛してる。』
『気がついたら、してた。』

中谷彰宏の主な作品一覧（2006年7月現在）

ビジネス

【ダイヤモンド社】
『なくてはならない人になる』
『人のために何ができるか』
『キャパのある人が、成功する。』
『時間をプレゼントする人が、成功する。』
『会議をなくせば、速くなる。』
『ターニングポイントに立つ君に』
『空気を読める人が、成功する。』
『整理力を高める50の方法』
『迷いを断ち切る50の方法』
『初対面で好かれる60の話し方』
『運が開ける接客術』
『バランス力のある人が、成功する』
『映画力のある人が、成功する。』
『逆転力を高める50の方法』
『40代でしなければならない50のこと』
『最初の3年その他大勢から抜け出す50の方法』
『ドタン場に強くなる50の方法』
『いい質問は、人を動かす。』
『アイデアが止まらなくなる50の方法』
『メンタル力で逆転する50の方法』
『君はこのままでは終わらない』
『30歳までに成功する50の方法』
『なぜあの人はお金持ちになるのか』
『成功する人の話し方』
『短くて説得力のある文章の書き方』
『超高速右脳読書法』
『なぜあの人は壁を突破できるのか』
『自分力を高めるヒント』
『なぜあの人はストレスに強いのか』
『なぜあの人は部下をイキイキさせるのか』
『なぜあの人はリーダーシップがあるのか』
『なぜあの人は落ち込まないのか』
『20代で差がつく50の勉強法』
『なぜあの人は仕事が速いのか』
『スピード問題解決』
『スピード危機管理』
『スピード決断術』
『スピード情報術』
『スピード顧客満足』
『一流の勉強術』
『スピード意識改革』
『アメリカ人にはできない技術
　日本人だからできる技術』
『携帯で声の大きくなる男デート
　中にメールを打つ女』
『お客様のファンになろう』
『成功するためにしなければならない80のこと』
『大人のスピード時間術』
『成功の方程式』
『なぜあの人は問題解決がうまいのか』
『しびれる仕事をしよう』
『大人のスピード思考法』
『「アホ」になれる人が成功する』
『しびれるブランドを作ろう』
『しびれるサービス』
『ネットで勝つ』
『大人のスピード説得術』
『お客様に学ぶサービス勉強法』
『ｅに賭ける』
『大人のスピード仕事術』
『大人のスピード読書法』
『スピード人脈術』
『スピードサービス』
『スピード成功の方程式』
『スピードリーダーシップ』
『大人のスピード勉強法』
『今やるか一生やらないか』
『人を喜ばせるために生まれてきた』
『一日に24時間もあるじゃないか』
『もう「できません」とは言わない』
『出会いにひとつのムダもない』
『お客様が私の先生です』
『今からお会いしましょう』
『お客様がお客様を連れて来る』
『お客様にしなければならない50のこと』
『管理職がしなければならない50のこと』
『30代でしなければならない50のこと』
『20代でしなければならない50のこと』
『独立するためにしなければならない50のこと』
『なぜあの人の話に納得してしまうのか』
『なぜあの人は気がきくのか』
『なぜあの人は困った人とつきあえるのか』
『なぜあの人はお客さんに好かれるのか』
『なぜあの人はいつも元気なのか』
『なぜあの人は時間を創り出せるのか』
『なぜあの人は運が強いのか』
『なぜあの人にまた会いたくなるのか』
『なぜあの人はプレッシャーに強いのか』
『成功する大人の頭の使い方』
ビデオ『あなたに会うと元気になる』
ビデオ『出会いを大事にする人が成功する』
ビデオ『理解する人が、理解される』
ビデオ『人を動かすのではなく自分が動こう』
ビデオ『出会いに一つのムダもない』

【PHP研究所】
『【図解】決定版！30代を最高に生きるヒント』
『明日は、もっとうまくいく。』
『【図解】「できる人」の時間活用ノート』
『[図説]入社3年目までに勝負がつく75の法則』

【PHP文庫】
『成功する「上司」の動かし方』
『なぜあの人は集中力があるのか』
『スピード人脈術』
『心にエンジンがかかる50の小さな習慣』
『お客様にしなければならない57のこと』
『一日に24時間もあるじゃないか』
『人を動かせる人の50の小さな習慣』
『スピード整理術』
『あなたが動けば人は動く』
『超管理職』
『時間に強い人が成功する』
『成功する大人の頭の使い方』
『入社3年目までに勝負がつく77の法則』
『一回のお客様を信者にする』
『こんな上司と働きたい』

【三笠書房・三笠文庫】
『3分で右脳が目覚めた。』
『お金で苦労する人しない人』
『あなたのお客さんになりたい！』
『あなたのお客さんになりたい！』（文庫版）

【オータパブリケイションズ】
『レストラン王になろう2』
『改革王になろう』
『私をホテルに連れてって』
『サービス王になろう2』
『サービス刑事』
『レストラン王になろう』
『ホテル王になろう2』
『ホテル王になろう』

【ビジネス社】
『あなたを成功に導く「表情力」』
『幸せな大金持ち　不幸せな小金持ち』
『大金持ちになれる人　小金持ちで終わる人』
『右脳でオンリーワンになる50の方法』
『技術の鉄人　現場の達人』
『情報王』
『昨日と違う自分になる「学習力」』

【廣済堂文庫】
『逆境こそ成功のチャンス』
『諦めない人が成功する』
『節目に強い人が成功する』
『マニュアルにないサービスが成功する』

【サンマーク文庫】
『時間塾』『企画塾』『情報塾』『交渉塾』
『人脈塾』『成功塾』『自分塾』

【ぜんにち出版】
『リーダーの条件』

『オンリーワンになろう』（総合法令出版）
『転職先はわたしの会社』（サンクチュアリ出版）
『なぜあの人は楽しみながら儲かるのか』（ぶんか社）
図解『右脳を使えば、すごいスピードで
　本が読める。』（イースト・プレス）
マンガ『ここまでは誰でもやる』（たちばな出版）
『自分リストラ術　やりたいこと再発見』（幻冬舎）
『人を動かすコトバ』（実業之日本社）
『あと「ひとこと」の英会話』（DHC）
『デジタルマナーの達人』（小学館）
『なぜあの人は楽しみながら儲か
　るのか』（ぶんか社文庫）
『人脈より人望のある人が成功す
　る』（KKベストセラーズ）
『オンリーワンになる仕事術』
　（KKベストセラーズ）
『成功者は、新人時代からココが
　違った。』（海竜社）
『サービスの達人』（東洋経済新報社）
『復活して成功する57の方法』（三一書房）

空気を読める人が、成功する。

- マナーより、空気が大事
- ケータイの出方で、「都合の悪さ」を察しよう
- 空気は目に見えないから、変化が激しい

4-478-70339-6

ターニングポイントに立つ君に

- 転機力を高める50の具体例
- 一歩踏み出すと、道が見つかる
- 大きな出会いは転機の兆し

4-478-70340-X

明日がワクワクする50の方法

- 毎日、自己新記録を更新しよう
- 一生懸命やるから、楽しめる
- チャンスをたくさん逃がそう

4-478-70342-6

会議をなくせば、速くなる。

- 今、あるもので解決できる
- クレームが多い職場ほど、アイデアが集まる
- 説明下手な店員さんのいるお店が、流行る

4-478-70343-4

時間をプレゼントする人が、成功する。

- 「待たせる人」より、「待つ人」にチャンスが来る
- 5分の中断が、3時間のムダになる
- いつ終わるかより、いつ始めるかが大事

4-478-70344-2

キャパのある人が、成功する。

- 余裕を楽しむ50の具体例
- 「向いてないもの」の中に「本当に好きなもの」がある
- 今の一生懸命が、次につながる

4-478-70347-7

人のために何ができるか

- お客様を元気にする50の具体例
- 領収書のあて名は、名前を覚えるチャンス
- お客様は、1度下見をして2度目に買う

4-478-70348-5

なくてはならない人になる

- 組織の中で自分を見つける50の具体例
- 必死より本気、ルールより合意が大切
- 「ないもの」ではなく、「あるもの」で考えよう

4-478-70349-3

あの人の下なら、「やる気」が出る。

- モチベーションリーダーになる50の具体例
- 部下を叱るのは、メールではなく目の前で
- 「頑張れ」より、「○○を、△△までに」

4-478-70350-7

お客様を育てるサービス

- 自分を高く買ってもらう50の具体例
- 固定客をつくるより、固定店を目指そう
- ミスがサービスの口実になる

4-478-70354-X

運が開ける勉強法

- 違いよりも、共通点を探そう
- 「10」を聞いて、「1」を知ろう
- 勉強する人には、「明日」がある

4-478-70321-3

本番力を高める57の方法

- 緊張するのは、気持ちいい
- ラッキーナンバーを持とう
- 本番だけが、本番ではない

4-478-70322-1

運のいい人に好かれる50の方法

- 使わないチャンスは、チャンスではない
- 「1日遅れ」「1000円不足」が、運を逃す
- 「ほめ」日記をつけよう

4-478-70323-X

運が開ける接客術

- うまい人しかいないボウリング場はつぶれる
- お客様は、1度下見に来ている
- 気づいて、試そう

4-478-70325-6

成功体質になる50の方法

- お金について学べる人が、成功体質になる
- 吸収力のある人が、成功体質になる
- まわりの人を元気にする人が、成功体質になる

4-478-70328-0

テンションを上げる45の方法

- 「テンション＝緊張」ではない
- レベルの高いところで、負けよう
- 7回の拍手でテンションが上がる

4-478-70329-9

初対面で好かれる60の話し方

- 飼い主より、犬に話しかけよう
- 100円ショップで、「まけて」と言おう
- 「頭がいい」より、「よく気がつく」がほめ言葉

4-478-70331-0

なぜあの人は10歳若く見えるのか

- 「いくつに見える」と聞くのは、自信がない証拠
- アンチエイジングで若さに差が出る
- 毎朝、鏡を見なくなるのが、老化の始まり

4-478-70332-9

迷いを断ち切る50の方法

- 他人のために何かをする人は、迷わない。
- 悪口を言われるのは、レベルアップした証拠
- あらゆる判断は、接戦だ

4-478-70333-7

整理力を高める50の方法

- 話し上手は「何を言わないか」がうまい
- 名刺は、捨てることで整理される
- 整理すると、行動したくなる

4-478-70335-3